中國人的烏托邦之夢

新村主義在中國的傳播及發展

趙泓 著

自　序

　　新村曾經是一代中國人的夢想。這一夢想源自古代大同思想，五四時與各種烏托邦社會主義思潮結合，進而深刻影響了現代中國的發展路徑。

　　新村主義的創立者和系統闡述者是日本現代文學的先驅武者小路實篤，他主張通過建立新村，使全人類過上「人的生活」，實現人人平等、勞動互助、友愛、幸福的理想社會。五四前後，經周作人等人的大力宣傳，新村主義思潮廣泛影響到一批激進知識份子和青年學生。由於新村主義雜糅了泛勞動主義、工讀主義和無政府主義等思想，並且具有很強的實踐性，它對現代中國產生的影響是巨大而且深遠的。不啻1920年曾轟動一時的工讀互助團，我們從後來的「人民公社」、「半工半讀」、「上山下鄉」等歷次運動中，都能找尋到新村的影子。

　　辛亥革命前後，中國社會黨黨魁江亢虎和中國無政府主義集大成者劉師復曾設計過類似新村的組織，但他們都是從無政府主義角度去構想新村的，且並未付諸實施。新村主義成為一種系統學說，並形成一股具有廣泛影響的社會思潮，則是在日本武者小路實篤創辦《新村》雜誌之後。將新村主義系統介紹到中國的是五四文化名人周作人。

　　五四時期受到新村主義思潮影響的不僅有資產階級、小資產階級知識份子和青年學生，而且還有具有初步共產主義思想的知識份子，像李大釗、毛澤東、惲代英、何孟雄等早期共產黨人都

曾被新村主義描繪的美景所吸引。如毛澤東在湖南省立第一師範學校求學期間，即夢想過一種「新社會生活」。1919年12月出版的《湖南教育月刊》發表了他的新村計畫書中的一章「學生之工作」，裡面設想「此新村以新家庭新學校及旁的社會連成一塊為根本理想。」

新村主義的傳播直接導致了五四時期一場較大規模的烏托邦實踐。轟動一時的北京工讀互助團是新村——農村中的新生活移植到城市的結果，是「城市中的新生活」。王光祈是少年中國學會主要發起人和早期的靈魂人物，也是工讀互助團的主要組織者，因此，本書對五四時期最大的社團少年中國學會有專門的介紹。事實上，少年中國跟新村一樣，也是五四理想青年構想的一個烏托邦，我們從少中會員、著名美學家宗白華《我的創造少年中國的方法》一文中不難看出。

1919年底，北京工讀互助團正式成立。它是五四時期規模最大、影響廣泛的工讀互助團體。這一烏托邦組織不過曇花一現，很快歸於失敗。其他地方的工讀互助團也落得相同的命運。何孟雄、施存統、俞秀松等北京工讀互助團成員後來加入了共產主義小組，走上了暴力革命的道路。曾參與發起成立上海工讀互助團的毛澤東等人，也是經過工讀互助運動的洗禮，才迅速完成向馬克思主義者的轉變。

新村和工讀互助團在促使一部分先進知識份子轉變成為馬克思主義者上起到了橋樑的作用。但是，這些人接受的主要是暴力革命的思想，內心並沒有放棄新村的夢想。

1949年新中國的成立使新村夢有了延續的可能。自1958年開始在中華大地遍地開花的人民公社，到1966年根據「五七指示」而設計的「毛澤東思想大學校」，都是典型的烏托邦。「五七指示」大致源自青年毛澤東的新村夢想，跟《學生之工作》中的構想有異曲同工之妙。至於轟轟烈烈的知識青年上山下鄉運動，更

是可以從新村找到思想的源頭。

　　新村主義對現代鄉村建設運動也產生了很大的影響。中國鄉村教育最早探索者王拱璧曾受到日本新村運動的影響，並於1920年在他的家鄉河南西華縣孝武營村創辦了「青年村」。「青年村」具有新村和鄉村建設運動雙重色彩。上世紀30年代初，陶行知提出了普及鄉村教育的構想，決心創辦鄉村工學團。他指出：「鄉村工學團是一個小工廠，一個小學校，一個小社會。」（陶行知，1985[2]：593）這種把工廠、學校、社會打成一片的教育組織，和新村有很多共通之處。

　　鄉村教育的倡導者均強調學者下鄉，深入民間，參加體力勞動的重要性，強調學習與勞動相結合，「知」與「行」、「工」與「讀」相結合。在這一點上，鄉村建設運動與工讀新村主張桴鼓相應。所不同的是，鄉村建設派認為農村的落後在於農民的愚昧，因而他們試圖通過普及教育改變中國貧窮落後的面貌。新村主義者則主張「共產」、「互助」，希望建立大家一起生產共同生活的烏托邦。

　　本書不啻介紹新村主義思潮在中國的興衰及新村運動始末，也試圖分析這一思潮的成因及對歷史走向產生的深刻影響。

　　中國文化傳統中素有大同色彩，《禮記・禮運篇》裡對「大同」社會的描述更是千百年來久誦不絕。但歷史上極少有烏托邦實踐，原因在於儒家觀念中，「大同」只是出現在遠古時代，後來由於人心不古，世風窳敗，社會因此出現各種紛爭和不平等。只有通過禮教的約束，使每個人成為謙謙君子，大同社會才有可能降臨。到了近代，康有為的三世說顛覆了這種倒退的歷史觀，但他堅持漸進論，認為大同之世只能出現在未來高度發達的文明社會，若輕言大同會引起大亂。所以，他寫成《大同書》後長期密不示人。曾經擔任北大校長的蔡元培骨子裡對「各盡所能，各取所需」的大同社會充滿嚮往，甚至主張「在理想的新村裡，以

不結婚為好。在這新村裡，有很好的組織，裡面有一人獨宿的房間，也有兩人同睡的房間，跳舞場、娛樂室，種種設備，應有盡有。當兩人要同房居住的時候，須先經醫生檢查過。並且要有很正確的登記，如某日、某時、某某同房住。將來生出子女，便可以有記號了。」家庭也是「不要的好；不得已而思其次，小家庭比大家庭好。」但他把這種理想社會寄望於全社會道德高度自覺的基礎之上，故強調「必有一介不苟取之義，而後可以言共產；必有坐懷不亂之操，而後可以言廢婚姻。」（蔡元培，1999：196）五四時期，由於部分激進青年對克魯泡特金的互助論奉為圭臬，認為人類社會不必經過漫長的進化階段，通過互助手段就可以實現「各盡所能，各取所需」的大同社會，故現實中迅速出現了新村這種烏托邦實踐。

新村和工讀主義者認為勞心和勞力的分工是造成社會不平等的是「勞心者治人，勞力者治於人」，「萬般皆下品，唯有讀書高」。但這種觀念在五四時期遭到了徹底的顛覆，有些言論甚至具有反智傾向，類似數十年後「文革」語言。如「念書人是什麼東西，還不是『四體不勤，五穀不分』，無用而又不安生的一種社會蠹民嗎？」「幾千年來教育的錯誤影響，可以用兩句話表明出來，就是：有用的分子都沒有受過教育，受過教育的都是無用的人。」為何這時對待讀書人的態度來了個180度的轉變，從一個極端走向了另一個極端？原因很複雜，直接的原因是當時許多人接受了「勞工神聖」的思想，我們從魯迅寫於1919年的小說《一件小事》中不難看出這一變化軌跡──一個思想的啟蒙者，如何在底層勞工面前突然自慚形穢起來。

對讀書人的貶抑也源於歷史上重實踐輕虛文的傳統。在中國文化當中，歷來是兩種傳統並存，一種是靠讀書求取功名的傳統，崇尚「十年寒窗無人問，一舉成名天下知」的個人功利主義；另一種是經世致用的傳統，強調「有用之學」。這兩種傳統

均源自孔子的教誨。一方面孔子告誡人們讀書的好處:「君子謀道不謀食。耕也,餒在其中矣;學也,祿在其中矣。」另一方面,他反對死讀書,認為讀了書若不能學以致用,讀得再多又有何用:「誦詩三百,授之以政,不達;使於四方,不能專對,雖多,亦奚以為?」(《論語・子路》)自清初以來,顧炎武、黃宗羲、王夫之、顏元等人極大地發揚了經世致用的傳統,顏元就曾指斥腐儒們「讀書愈多,愈惑,審事愈無識,辦經濟愈無力。」(顏元,1987:107)毛澤東自幼深受顏元思想的影響,對脫離實際的知識份子深惡痛絕(尤其是人文知識份子),從內心瞧不起。有論者不明白青年毛澤東思想由來有自,甚至妄加猜測,認為跟他擔任北大圖書館資料員時受文人歧視有關,其實大謬不然。

在新村主義者眼裡,讀書和勞動的分離,既造成了勞心者與勞力者之間的不平等,也導致了人格上的分裂,影響了個性自由和全面發展。所以,新村實行半工半讀,毛澤東在《學生之工作》一文中有詳細的規劃。

新村雖然只是一個夢想,一個烏托邦,但它勾勒出的社會圖景是美好的。它強調人與人之間的平等互助,倡導人的全面發展和社會關係的和諧,推崇自食其力的田園生活等等,都具有積極的現實意義。若徹底否定,就容易從一個極端走向另一個極端。我們看到,經過短短30多年,中國在經濟迅猛發展的同時,由一個平均主義盛行的國家,很快成為貧富差距最大的國家之一。功利主義、物質主義充斥社會每一個角落,互助友愛的精神幾乎蕩然無存。勞心與勞力的嚴重分離,使得知識份子與利益集團結合得更加緊密。那些曾經被謳歌的普通勞動者,不幸淪落到社會底層和邊緣……

在這個沒有夢想的年代,新村勾起了我們歷史的記憶。五四那群踔厲風發的少年令人懷想。

　　透過新村，我們可以找到現代中國歷史發展的內在邏輯。同時，希望我們通過重溫那段歷史，重拾五四那群少年的夢想。

目　次

我們勞動，
不被強而勞動，
看輕金錢而勞動，
為盡自己的義務而勞動，
為兄弟而勞動，
為人類而勞動，
便是辛苦也要勞動，
自願的勞動，
獨立獨步的勞動，
喜悅便在這中間：
我們勞動！

[日]武者小路實篤　原詩／周作人　譯
原載《批評》第5號1920年12月

第一章 ｜ 周作人與新村

一、周作人訪日本新村

　　周作人是五四以來的散文大家，也是歷史上的一個漩渦人物。他在五四時期引人注目之處，一是擎起人道主義旗幟，倡導「人的文字」，為五四啟蒙運動搖旗吶喊；二是倡導帶有濃厚烏托邦色彩的「新村運動」，並得到廣泛回應，其中就包括被各種社會主義學說所吸引的青年毛澤東、惲代英等人。

　　新村運動是由日本小說家武者小路實篤（1885-1976）發起的。武者小路實篤是日本近代文字的先驅，出身於日本上流社會的一個貴族家庭，父親武者小路實世是子爵，祖父實藏為著名歌人。他幼年即進入貴族學校學習。青年時的實篤十分內向、孤僻，經常一個人苦思冥想。他對文學有著濃厚興趣，深受俄羅斯大文豪托爾斯泰作品的影響。他崇尚托爾斯泰的「躬耕」，希望以他為榜樣來改造日本社會。

　　托爾斯泰身為俄羅斯貴族，以不勞而獲為恥，每年三季作工，一季到莫斯科經營出版事業，並將自己的思想寫作成書，印成許多小冊子，拿到農民間散佈。他提倡泛勞動主義，這一思想的核心是強調不論什麼人都沒有剝削他人勞動，掠奪他人成果

武者小路實篤（1885-1976），日本小說家，
新村運動的倡導者。（圖片來源：百度百科）

的權力，主張要消滅人間種種罪惡，就必須每個人參加勞動，而且必須從事體力勞動。他指出人人參加勞動是建立平等社會的前提，不勞而獲是罪惡的淵藪。通過體力勞動，那些剝削階級，以及腦力勞動者可以洗刷內心的罪惡感。在這裡，勞動被賦予了崇高的道德意義，因而也就被視為人生最大的義務，也可以說是最大的善行。

1910年，武者小路實篤參與創辦文藝刊物《白樺》，宣揚人道主義，呼籲人們和平、友愛、平等，探討個人應當怎樣生活。周作人對此極表贊同。

為了實踐自己倡導的理論，武者小路實篤於1918年創辦了《新村》雜誌，宣傳新村主義。同時，他在日本九州日向兒湯郡的一個偏僻鄉村石河內村購置了40多畝耕地，蓋了8間房屋，組織起20多個人，創辦了日本第一個勞動互助、共同生活的模範町村——新村，並親任理事長。不久，他又在東京、大阪、京都、神戶、長野、靜岡、北海道、橫濱、福岡、愛知等地建立了新村支部。日向新村所在地原是一舊城遺址，三面環山，一面臨海。整個地勢呈馬蹄狀，風景十分優美。新村分上、中、下城，靠海的地方是下城。實篤對新村生活作了具體的規定：每日值飯的人5時先起，其餘的6時起來，吃過飯，7時到田裡去，至5時止。

宮崎縣的「新村」創立紀念碑。
（圖片來源：百度百科）

11時是午飯，下午2時半吃點心，都是值飯的人送去。勞動倦了的時候，可做輕便的工作。到5時，洗了農具歸家，晚上可以自由，只要不妨礙別人讀書，10時以後熄燈。

周作人對實篤仰慕已久。他和實篤第一次通信開始於1911年。那年，《白樺》雜誌登出購買增刊《羅登號》的廣告，周作人去函預購，實篤沒想到中國方面也有人對《白樺》感興趣，故對周作人有了很深的印象。以後每遇周作人來信，他都悉心作答。1918年12月號《新村》發表了武者小路實篤的文章，其中就提到周作人訂閱《新村》的事：「一位支那人，從支那訂閱《新村》，這使我們愉快！支那人啊！在支那建立新村支部吧！」

1919年1月，周作人在日記裡提到下午收到日本新村本部稻垣芳雄的信。1919年4月，周作人在《新青年》6卷3號上發表《日本的新村》。這是中國有關日本新村的最初介紹，內容主要根據實篤的《新村的生活》一書來介紹新村的實踐意義。他在文章裡稱讚新村是一種切實可行的理想：「近年日本的新村運動，是世界上一件很可注意的事。從來夢想Utopia的人，雖然不少，但未嘗著手實行；英國詩人Coleridge等所發起的『大同社會』Pantisocracy也因為沒有資本，無形中消失了。俄國Tolstoj的躬耕，是實行泛勞動主義了。但他專重『手的工作』，排斥『腦的工作』，又提倡極端的利他，抹殺了對於自己的責任，所以不能說是十分圓滿。新村運動，卻更進一步，主張泛勞動，提倡協力的共同生活，一方面盡了對於人類的義務，一方面也盡了個人對於個人自己的義務，讚美協力，又讚美個性，發展共同的精神，又發展自由的精神，實在是一種切實可行的理想，中正普通的人生的福音。」

周作人想親自去新村看看。1919年7月2日，周作人攜日本妻子羽太信子從塘沽啟程。6日，大客輪在幾聲鳴笛聲中駛入日本門司港。周作人下船後即買了去日向福島町的火車票。7日下

午，他在福島町轉乘馬車至高鍋。我們從周作人後來發表在《新潮》2卷1號上的《訪日本新村記》一文，可以體會到周作人踏上日向新村這片土地時的感受：

> （這裡）一面臨海，一面是山林，馬車在這中間，沿著縣道前進。我到這未知的土地，卻如同曾經認識一般，發生一種愉悅的感情。因為我們都是「地之子」，所以無論何處，只要是平和美麗的土地，便都有些認識。到了高鍋，天又下雨了，我站在馬車行門口的棚下，正想換車往高城，忽見一個勞動服裝的人近前問道：「你可是北京來的周君麼？」我答道：「是。」他便說：「我是新村的兄弟們差來接你的。」旁邊一個蔽衣少年也前來握手說：「我是橫井。」這就是橫井三郎君，那一個是齋藤德三郎君。我自從進了日向已經很興奮，此時更覺感動欣喜，不知怎麼說才好，似乎平日夢想的世界，已經到來，這兩人便是首先來通告的。現在雖然仍在舊世界居住，但即此部分的奇蹟，已能夠使我信念更加堅固，相信將來必有全體成功的一日。我們常感著同胞的愛，卻多未感到同類之愛；這同類之愛的理論，在我雖也常常想到，至於經驗，卻是初次。新村的空氣中，便只充滿這愛，所以令人融醉，幾於忘返，這真可謂不奇的奇蹟了。

平素以「世界公民」自居的周作人，似乎在這裡找到了歸宿感。當天，很少參加勞作的周作人在武者小路實篤、松本長十郎的陪同下，和新村的一幫弟兄們一起下地勞動：

> 當日他們多赴上城工作，我也隨同前往。種過小麥的地，已經種下許多甘薯；未種的還有三分之二。各人脫去外

衣，單留襯衫及短褲布襪，各自開掘。我和第五高等學校的學生，也學掘地，但覺得鋤頭很重，盡力掘去，吃土仍然不深，不到半時間，腰已痛了，右掌上又起了兩個水泡，只得放下，到豆田拔草。恰好松本君拿了一籃甘薯苗走來，叫我幫著種植。先將薯苗切成六七寸長，橫放地上，用手掘土埋好，只留萌芽二寸餘露出地面。這事很容易，十餘人從三時到六時，或掘或種，將所剩空地全已種滿，都到下城岩邊，洗了手臉……回到中城，在草地上同吃了麥飯，回到寓所，雖然很睏倦，但精神卻極愉快，覺得30餘年未曾經過充實的生活。只有在半日才算能超越世間善惡，略知「人的生活」的幸福，真是一件極大的喜悅。還有一種理想，平時多被人笑為夢想，不能實現，就經驗上說，卻並非不可能，這就是人類同胞的思想。

看來周作人是個「四體不勤，五穀不分」的人，不然才幹一小會兒農活，又是腰酸背疼，又是手掌起泡。但他卻在田間勞動中感受到了前所未有的愉悅，甚至認為自己「30餘年來未曾經過充實的生活。只有在半日才算能超越世間善惡，略知『人的生活』的幸福。」

周作人的這番表現絕非時下所謂的「作秀」。中國文人歷來憧憬「日出而作，日落而息」的田園生活，何況此時的周作人透過不久前爆發的五四運動，敏銳地嗅到一場革命暴風雨即將來臨。在他的眼裡，崇尚和平、互助的新村精神是多麼的可貴！

第三天晚上，新村的弟兄們到周作人住處聚談。在武者小路實篤的提議下，周作人欣然為新村題寫《論語》裡的兩句話：

「子曰，仁遠乎哉，我欲仁，斯仁至矣。」

接著，又為實篤題寫：

「子曰，內省不疚，夫何憂何懼？」

周作人曾經在《藝術與生活‧日本的新村》一文中認為，新村的理想世界就是中國傳統的「大同社會」。在這裡，周作人借聖人孔子——中國古代大同理想的構想者之口表達了自己的真切感受。

7月11日，周作人離開日向新村。臨行，他申請加入新村。實篤當即應允。根據新村會則的規定，新村吸收兩種會員，第一種會員不僅要贊成新村精神，而且要參與新村生活；第二種會員為贊成新村精神，但基於各種原因不能參與新村生活的。顯然，周作人屬第二種會員。

16日晨，周作人抵達東京，先至羽太信子家稍事休息，再趕往東京大和町新村支部，參加該支部為他舉辦的歡迎會。到會者共12人，有長島豐太郎、佐佐木秀光、今田謹吾等。周作人在會上談了這次參觀日向新村的真實感受，並表示一定要把新村精神帶到中國去。

8月3日，周作人攜家眷啟程離開東京回國，內弟羽太重久隨行。10日抵達北京。

這年10月號的《新村》雜誌發表了周作人一封來信的前半部分。此信寫於1919年9月16日，內容如下：

> 拜啟。我上月10號回到北京，現住宣外南半截胡同五號。此處較為偏僻，信函等物還請寄到學校。從雜誌上得知支那已有三位新村會員，很高興。但北京目前只有我一位，所以建新村支部的可能性現在還沒有，很遺憾。聽說上海附近出現了稱作新村的組織，我瞭解了一下，發現其目的並非為培養模範的「人」，而是為了培養模範的國民，建立社會上常見的模範村鎮。從支那的現狀來看，很難很難讓人樂觀。但我相信尊重個性、互相協作的正確性，所以將為此堅持不懈地努力下去。

　　1920年6月號《新村》「曠野社通訊」欄中有長島豐太郎的一篇短文，短文的後半部分首先介紹了北京大學遊日學生團的成員李宗武、童一心等人以及北京高等師範學校工學會的成員訪問新村東京支部和曠野社的情形，最後總結道：「不管怎樣，支那熱心於新村運動的人越來越多是個一目了然的事實。這特別讓我們高興。我不知道用什麼樣的語言來感謝把新村的存在介紹給中國、把新村的精神傳達給中國人、把青年學生介紹給我們的周作人兄的熱情與厚意。可以說，正是因為有了周作人兄，新村才在事實上邁出了跨越國境的第一步。我希望周作人兄能愉快地接受這個榮譽。李宗武君連著三次見面，相處十分融洽，甚至已經有了親切的兄弟之情。他幾次不辭辛勞承擔辛苦的翻譯工作，太值得感謝了。」

　　李宗武也是向中國介紹新村運動的重要人物之一。1921年，他和毛詠棠一起翻譯了實篤的《人的生活》。譯稿經魯迅校訂，1922年1月由中華書局出版，周作人為之作序。

　　1920年1月號《新村》的「新入會員」欄有「中華民國江蘇省蘇州角直鎮第五高等小學校葉紹鈞」的記載。葉紹鈞即葉聖陶。葉聖陶曾經加入新村這一重要事實，目前能查到的幾部葉聖陶研究著作均未提及。他早年曾與茅盾、鄭振鐸等組織了文學研

1921年周作人與葉聖陶攝於杭州（站立者為葉聖陶）。他們二人都是中國最早的新村會員。（圖片來源：百度圖片）

究會，創辦中國第一個詩刊，出版了中國第一本童話集，後來還寫出中國現代最早的長篇小說《倪煥之》。他早年在蘇州角直鎮實驗「生活與學校結合的新教育模式」，創辦了「生生農場」，與學生一起種植瓜豆蔬菜，分享勞動的快樂，通過腦力勞動與體力勞動相結合，實現人的全面發展。這一教育模式顯然受到了日本「新村」的影響。

　　真正在日本「新村」作為村內會員，親身體驗「新村」生活的中國人並不多。根據日本「新村」資料：1930年，一個叫袁素一的福建人去「新村」，這也是唯一一個作為村內會員在「新村」生活過的中國人。袁素一原為一名軍人（大尉），在福建省建陽市書坊鄉境內的太陽山麓擁有土地。他想在那裡建立一個「新村」，特地到日本「新村」見習。他雖然不諳日語，飲食也不習慣，但卻是個熱心、有毅力的人。最後終因身體不適，只好提前離開「新村」。後來，就再也沒有與「新村」聯繫。（林恆青，2001）

　　昭和十四（1939）年，由於宮崎縣在新村旁邊的河上截流建水庫，新村土地中最好的部分，即前面提到的下城被水淹沒。實篤和村內會員們在東京近郊的埼玉縣毛呂山町買了一塊地，把新村本部遷往此處。

1927年，孫百剛翻譯出版武者小路實篤的《新村》一書。（圖片來源：北京大學圖書館藏）

　　實篤在日本發起的新村運動一直持續到今天。1996年，中國社科院文學研究所研究員董炳月先生於五一國際勞動節曾特意前往參觀，並因為贊同以和平、互助、發展個性為主旨的新村精神而入會，成為第二種新村會員。據介紹，當時新村會員中外國人只有3位，都是中國人，而且又都是北京大學畢業生。（董炳月，1998）

二、周恩來仍記得50年前的那場演講

　　周作人回到北京後，以前所未有的熱情，到處演講，發表文章。僅一年間，他就寫出了七八篇關於新村的文章，迅速掀起一陣「新村熱」。

　　周作人文章清麗灑脫，但他拙於言詞，演講缺乏煽動性。但那時已是文化名人，新村又是時髦的話題，所以他的演講還是吸引了眾多青年。

　　周作人應覺悟社之邀介紹日本的新村運動，給周恩來留下了深刻印象，以至於過了50多年，他還清晰記得這件事。

　　1971年夏天，周恩來總理接見日本客人屋崎秀樹時，回憶起他在南開大學讀書時，覺悟社組織的天津學術講演會曾邀請魯迅去天津講演，可是「魯迅先生到了那天，忽然有事走不開，來了代替他的周作人……他講的是關於『新村』的事，也提到武者小路實篤先生，講得非常有趣。」（賈凱力，1991[6]）

　　根據《覺悟》第一期上《三個半月的「覺悟社」》一文的記載，1919年11月8日，「北京大學教授周作人先生來社談『日本新村的精神』。」

天津覺悟社舊址。周恩來曾邀請
周作人出席天津學術講演會作關
於日本新村運動的演講。（圖片
來源：張允侯等著《五四時期的
社團》）

　　天津覺悟社到底是原先邀請魯迅，因為魯迅臨時有事結果來
的是周作人，還是本來邀請的是周作人，周恩來因年代久遠而誤
記，有人因此打嘴巴仗。1991年第6期《博覽群書》上的《白樺
派和武者小路實篤》及1998年3月11日的《中華讀書報》上的
《周恩來與魯迅》兩篇文章，都認為邀請的是魯迅，倪墨炎在
1998年4月1號上的《中華讀書報》上發表《關於周恩來邀請周作
人演講》一文，寫道：

　　　　事實上，天津覺悟社本來就是邀請周作人去演講的。如果
　　真是先請魯迅的話，那《魯迅日記》中必然有所反映。查
　　魯迅日記，這件事一點蛛絲馬跡也沒有。……不像「忽然
　　有事」的樣子。而在《周作人日記》中，這件事的全過程
　　記得十分詳細。1919年9月20日，記有「與志希約定十月廿
　　五日往天津講演」。估計覺悟社從未與周作人有過聯繫，
　　因而託人先與接洽講演的事。志希先生是周作人家的常
　　客，可說是找到了門路，周作人就爽快地答應了，並大致
　　確定了日期。9月25日記有「得覺悟社函」。周作人既答
　　應了，覺悟社就正式寄來了邀請函。10月21日記有：「下
　　午得天津學術講演會快信。」這封快信寄往北京大學，周
　　作人是去北大時收到的。估計是天津方面要求改變原約定

青年時期的周恩來。他曾對五四
時期流行的新村和工讀思想產生
濃厚興趣。（圖片來源：中文百
科線上）

的日期。10月30日記有：「得天津李錫錦君廿八日函，即
託校寄快信。」這信仍寄往北大，估計是要求定在11月8日
講演，並指定李錫錦為聯繫人。周作人接信後，即託學校
覆信表示同意所定日期。11月2日記有：「作天津演稿《新
村的精神》，未了。」11月6日記有：「作演稿，未了。」
11月7日記有：「作演稿，下午了。」一篇四五千字的講演
稿，周作人竟寫了五六天，那是因為正好他的孩子患病，
不是這個「發熱」，就是那個「嘔吐」，他每天從北大講
課回來，還得照料孩子們求醫吃藥，但講稿終於在去天津
前夕寫好了，說明周作人對這件事是認真對待的。

　　倪墨炎的分析是有道理的。周恩來晚年回憶說當初邀請的是
魯迅，因魯迅有事，才由周作人代替。他這樣說，或者因為事隔
久遠，難免記憶有誤；或者正值「文革」當中，如照直說了，也
許人們會問：新村是怎麼回事？新村是進步的還是反動的？為何
要邀請後來淪為漢奸的周作人？也許這是處世圓通的周恩來一種
巧妙的說法。
　　1920年2月，《新青年》等幾家報刊刊登了下面這則消息——

　　新村北京支部啟事：本支部已於本年二月成立，由周作人
　　君主持一切，凡有關於新村的各種事務，均請直接通信接
　　洽。又如有欲往日向，實地考察村中情形者，本支部極願
　　介紹，並代辦旅行手續，支部會址及會面日期如下：北京
　　西道門內八道灣十一號周作人宅。每星期五及星期日下午
　　一時至五時。

　　這年4月7日，第二次到北京的毛澤東前往八道灣胡同拜訪
了周作人。毛澤東當時只是北大一位旁聽生，周作人對他的到訪

似乎不大重視，只在當天的日記裡簡單記下「毛澤東君來訪」寥寥數字，交談的具體內容雙方後來均未提及，推測應當與新村有關，因為毛澤東那時正熱衷於新村和工讀互助團。有意思的是，過去也有文章在提及這一史實時，說是毛澤東去八道灣胡同拜訪了魯迅。看來總是有一些人喜歡打扮歷史。

　　周作人在天津學術講演會上作的這篇題為《新村的精神》的演講，先後發表在11月23日的上海《民國日報》副刊及1920年1月1日《新青年》7卷2號上。他在這篇演講中指出：「新村的目的，是在於過正當的人的生活。其中有兩條重要的根本上的思想：第一，各人應各盡勞動的義務，無代價的取得健康生活上必要的衣、食、住。第二，一切的人都是一樣的人，盡了對於人類的義務，卻又完全發展自己的個性。」接著說：「照新村的理想，人應該有生存權，無代價的取得健康生活上必要的衣、食、住，但一方面應該盡勞動的義務，製造這生活的資料，人又應該利用他的生存，創造幸福的生活，使世間更為『人類的』又更為『個人的』，他須盡了對於人類的義務，一面也完全發展了自己的個性，這樣是正當的人的生活。」

　　1920年6月19日，周作人在北京社會實進會講演會上，作了題為《新村的理想與實際》的講演。講演稿隨即發表在23日的北京《晨報》上。他在講演中指出，要實現新村的理想，只有訴諸人類的理性──「新村裡的人不滿足於現今的社會組織，想從根本上改革他，終極的目的與別派改革的主張雖是差不多，但在方法上有所不同。第一，他們不贊成暴力，希望平和的造成新秩序來。第二，他們相信人類，信託人間的理性，等他醒覺，回到正路上來。」

三、胡適的詰難

　　周作人宣講新村，也有不少人潑冷水。他最先遭到了自己的兄長魯迅的冷遇。1919年8月13日，魯迅在致錢玄同的信上說，周作人關於新村的文章「不是什麼大文章，不必各處登載。」還在日本新村主義介紹到中國之初，1918年11月，魯迅在《新青年》上發表《隨想錄三十六》認為：「許多人所怕的，是『中國人』這名目要消滅；我所怕的是，是中國人要從『世界人』中擠出。」為什麼呢？因為，「想在現今的世界上，協同生長，掙一地位，即須有相當的進步的智識，道德，品格，思想，才能夠站得住腳：這事極須勞力費心。」人類「協同生長」，是新村主義的理想，但魯迅認為，「協同生長」應該是有條件的，那就是「進步」。而中國人「國粹」太多，「太特別」，這「便難與種種人協同生長，掙得地位」，因而很可能被「從『世界人』中擠出」。魯迅強調的是奮鬥、革新，具有歷史的緊迫感。在1919年5月的《新青年》上，魯迅發表《「聖武」》一文，其中說：「現在的外來思想，無論如何，總不免有些自由平等的氣息，互助共存的氣息，在我們這單有『我』，單想『取彼』，單要由我喝盡了一些空間時間的酒的思想界上，實沒有插足的餘地」。文中「互助共存」可能並不單指新村主義一家，但新村主義是主張人類互助共存的。魯迅認為，這類思想，在落後的中國尚無插足的餘地。

　　魯迅1921年8月25日致西山養病的周作人信中說：「《小說月報》八號尚未來，也不知上海出否，滬報自鐵路斷後，遂不至（最後者十四日）。中國似大要實用新村主義而老死不相往來矣。」這裡是拿新村主義的某些實踐作個比喻，實際上也是對新村主義的一種批評。

　　而對新村運動抨擊最為激烈的，是性情一向溫和的胡適。1920年1月，胡適在天津、唐山等地的學術講演上，以《非個人主義的新生活》為題，明確反對在中國推行新村運動。這篇演講稿先載於1920年1月25日的《時事新報》，後轉載於3月出版的《新潮》2卷3號上。胡適認為新村生活是「個人主義」的新生活，主張應推行「非個人主義」的新生活。所謂「非個人主義」的新生活，是指用改良手段去「變舊社會為新社會，變舊村為新村」的生活。

　　在這篇演講稿中，胡適指出新村運動值得批評的地方有四點：一是新村生活逃避現實；二是現代社會與古代比已大不相同，在現代社會裡，「人人都是一個無冠的帝王，人人都可以做一些改良社會的事」，所以新村這種個人主義的獨善其身的生活不值得摹仿；三是新村主義者所推行的泛勞動主義方法很不經濟，因為新村裡的人都要盡生產生活資料的義務，與人類分工進化的原理背道而馳；四是新村主義將改造個人與改造社會截然分開，「把個人看作一個可以提到社會外去改造的東西」。

　　接著，胡適提出了他所主張的「非個人主義的新生活」，其主張為：「（1）社會是種種勢力造成的，改造社會須要改造社會的種種勢力。這種改造一定是零碎的改造──一點一滴的

五四時期意氣風發的胡適。這位杜威實用主義的信徒當時是反對新村運動最激烈的一個人。（圖片來源：易竹賢著《胡適傳》）

改造，一尺一步的改造。」「（2）因為要做一點一滴的改造，故有志做改造事業的人必須要時時刻刻存研究的態度，做切實的調查，下精細的考慮，提出大膽的假設，尋出實驗的證明。這種新生活是研究的生活，是隨時隨地解決具體問題的生活。」「（3）這種生活是要奮鬥的。」「換句話說，應該使舊社會變成新社會，使舊村變為新村，使舊生活變為新生活。」胡適還以英國社會改良主義者薩莫爾‧巴內特牧師倡導的「貧民區域居留地運動」（Social settlement，今譯「社會服務運動」）為例，號召中國有志青年作改良舊制度、舊社會的有益工作。

和周作人比較起來，胡適的演講頗為煽情，我們從結尾這段話可以感受得到：

> 可愛的男女少年！我們的舊村裡我們可做的事業多得很咧！村上的鴉片煙燈還有多少？村上的嗎啡針害死了多少人？村上纏腳的女子還有多少？村上的學堂成個什麼樣子？村上的紳士今年賣選票得了多少錢？村上的神廟香火還是怎麼興旺？村上的醫生斷送了幾百條人命？村上的煤礦工人每日只拿到五個銅子，你知道嗎？村上多少女工被貧窮逼去賣淫，你知道嗎？村上的工廠沒有避火的鐵梯，昨天火起，燒死了一百多人，你知道嗎？村上的童養媳婦被婆婆打斷了一條腿，村上的紳士逼他的女兒餓死做烈女，你知道嗎？
>
> 有志求新生活的男女少年！我們有什麼權利，丟開這許多的事業去做那避世的新村生活！我們放著這個惡濁的舊村，有什麼面孔，有什麼良心，去尋那「和平幸福」的新村生活！

1月24日，周作人在《晨報》副刊上發表《新村運動的解說

——對於胡適先生的演說》，從三個方面對新村主義進行辯護：
（1）「胡先生攻擊最有力的，是我所說的『改造社會要從改造個人做起』這句話。」「我以為我們所有的比較的真實可靠的東西，還只是一個自己。我們有什麼改造社會的主張，去改造別人之先，還須從社會人類之一分子的自己入手改造，這樣我們一面實行自己的主張，社會的一個分子也就同時改造過了。」（2）「胡先生說新村是獨善主義，又說同以前的隱者實際上精神上都是一樣。我以為共同生活的新村，所主張的當然不是獨善其身。」「他們所主張的『人的生活』，照一般人看來非用暴力不能成功，但他們相信可以用和平方法辦到，所以便如此做罷了。」（3）「胡先生反對新村的泛勞動主義，以為與分工進化的道理相悖。又說叫人人去做生活的奮鬥，這是很不經濟。新村的勞動現在雖然只是農業一種，但他們的勞動範圍之內，實包含種種職業，仍然是分工。」「至於『減少生活的奮鬥至極低度，一方面增加生活的趣味』，這是現在文化進化的趨勢，也正是新村的目的。」

上個世紀二〇年代周作人在北京苦雨齋前。透過五四運動，周作人敏銳地察覺到一場革命的暴風雨即將來臨。他極力宣傳新村運動旨在避免流血的革命。這位人道主義的信徒後來出任汪精衛政府的偽職，留下了一生中洗刷不淨的污點。而為他所景仰的武者小路實篤也替日本侵華戰爭歌功頌德。歷史有時真的很弔詭。（圖片來源：錢理群著《周作人傳》）

　　平心而論，胡適的批評確實刺中了新村思想中的某些要害。胡適稱新村主義是獨善的個人主義，是尋求避世的新生活。這一指責雖有偏頗之處——熱心新村的人主觀上並不尋求避世，但新村主義者激進的主張背後，恰恰隱藏著與中國「隱逸」傳統的深刻聯繫。他提出「改造社會須從改造這些造成社會，造成個人的種種勢力做起」，這一見解也不無道理，因為它揭示出了人的社會性這一面。此外，他還從分工進化這一角度批判新村主義者脫離歷史發展的具體過程，試圖通過新村來實現人的自由和全面發展的主觀空想，指出「文化進步的趨勢，是要使人類漸漸減輕生活的奮鬥至最低度，使人類能分一些精力出來，做增加生活意味的事業。」我們知道，只有將社會必要勞動時間縮減到最低限度，才能讓所有的人有充分的時間和足夠的物質手段去實現個人在藝術、科學等領域的全面發展。所以說，胡適能從這一角度去批判新村主義的空想性是值得肯定的。但是，用實用主義去批判新村主義顯然不夠。

　　在胡適與周作人之間的這場口水仗中，似乎誰也沒有占到上風。雖然周作人的反駁並沒有多少力度，但《時事新報》副刊《學燈》上還是刊登了不少替他幫腔的文章。當時主持副刊《學燈》的，正是少年中國時代的詩人宗白華。

　　在充滿各種夢想的五四時期，烏托邦就像磁石一般深深吸引住了思想激進的青年，他們很難聽進胡適的勸告。他們明知舊村裡的確有許多事情需要改變，但他們已失去耐心一步一步、一尺一尺地去改造，他們希望即刻建立起一個新村，過上全新的生活，然後再推廣開來，最終實現自由、平等的理想社會。正如當時的進步學生社團曙光社在其所辦刊物《曙光》創刊號（1919年11月1日）上所言：「我們處在中國現在的社會裡頭，覺得四圍的各種環境，層層空氣，沒有一樣不是黑暗、惡濁、悲觀、厭煩，如同掉在九幽十八層地獄裡似的，若果常常如此，不加改

革，那麼還成一種人類的社會嗎？所以我們不安於現在的生活，想著另創一種新生活；不滿於現在的社會，想著另創一種新社會。」

「一萬年太久，只爭朝夕！」

溫柔、甜蜜的香，

曦微、明淨的光。

生活──一切圓滿的生活，

需要──我們缺乏的。

都在那兒等著，招呼著。

我們──

快跳出現在的世界，

領受理想的

新村！

羅敦偉〈添上「心頭」的油〉，《批評》第5期

第二章 | 新村運動的支持者

一、無政府主義者與新村

在中國，最早試圖建立新村的是一些無政府主義者。早在上世紀初，他們就有了建設新村的計畫，只是所設想的新村和武者小路實篤的日向新村稍有區別而已。

最先在中國宣講新村的是中國最早的社會主義政黨——中國社會黨黨魁江亢虎。

江亢虎（1883-1954），原名紹銓，生於江西弋陽陶灣江家墳的一個官宦之家。他素以中國「社會主義研究」的「佛陀」、「耶穌」自居，固有自詡之嫌，但作為國內「社會主義研究」的第一人，江亢虎卻是不二之人。他早年遊歷日本和歐洲，受到無政府主義思潮的影響。18歲赴日本考察政治，不久回國，被袁世凱任為北洋編譯局總辦和《北洋官報》總纂。次年留學日本，1904年因病輟學回國，任刑部主事和京師大學堂日文教習。1910年經日本至歐洲各國，宣揚無宗教、無國家、無家庭的三無主義。1911年7月在上海張園成立的社會主義研究會，有50餘人參加。上海光復的第二天，江亢虎將社會主義研究會改組為中國社會黨。他在《中國社會黨宣言》中說：「社會主義歐美極盛，在中國則本黨實為最初唯一之團體機關，其宗旨在於不妨害國家存立範圍內，主張純粹社會主義。」它的黨綱為：「贊同共和；融化種界；改良法律，尊重個人；破除世襲遺產制度；組織公共機關，普及平民教育；振興直接生利之事業，獎勵勞動家；專征地稅，罷免一切稅；限制軍備，並力軍備以外之競爭。」並強調指出「這個政綱的中心，成為『各盡所能，各取所需』、『教育普及，遺產歸公』兩條標語寫在黨旗的兩邊。」

1912年夏天，江亢虎在崇明島組織中國社會黨崇明支部，並發起成立了「地稅研究會」，自任會長，計畫把崇明島作為其

「社會主義研究」的試驗基地。之後，他專函邀請孫中山、唐紹儀等人為名譽會長，孫中山欣然應允，並回函盛讚：「江亢虎先生峻才雅藻，卓犖一時，發起社會主義，深具救世之婆心。諸君子以志同道合與組織社會黨支部於尊處，弘毅志遠，我道為不孤矣」。（見蘇振蘭、趙建軍，2006）

　　中國社會黨成立2個多月，便發展黨員達4、5千人，設30餘個支部。雖然中國社會黨黨員成分複雜，但其中確有一批熱心於社會改革的進步人士，如蘇州支部總務幹事陳翼龍，以及顧頡剛、葉聖陶、王伯祥等，後來又有李大釗加入。1913年8月，袁世凱下令解散了中國社會黨。江亢虎於是流亡美國。1920年4月，江亢虎發表該黨再造宣言，改稱中國新社會黨，在北京設本部。1921年6月，江亢虎以中國社會黨代表身份，出席在莫斯科召開的共產國際第三次代表大會。但該黨在中國政壇上再也沒有發揮過民國初年那樣的影響。在1930年至1934年，江亢虎受聘於加拿大滿地可麥基爾大學，是加拿大歷史上首個漢學專家。後來，江亢虎在抗日戰爭時期追隨汪精衛，任南京國民政府的考試院院長。戰後被捕並被判處無期徒刑，1954年病死於上海提籃橋監獄。

　　江亢虎曾是毛澤東在湖南上中學時的老師。1911年11月正在湖南新軍當兵的青年毛澤東對江亢虎的社會主義發生興趣，1936年他在同斯諾談話時回憶說：「我讀了江亢虎寫的一些關於社會主義及其原理的小冊子，我熱情寫信給幾個同班同學，討論這個問題。」（愛德格·斯諾，1979：117）據統計，1909到1913這短短幾年，江亢虎就發表社會主義、無政府主義方面的文章58篇。《中國古來社會主義之思想》、《中國革命之概觀》、《中國勞動家現狀》等數篇都頗見功力，而其中最長的一篇《社會主義學說》作於民國3年，最能看出江氏社會主義的特色。

　　葉聖陶早於周作人參觀日本的日向新村，估計因為他當時是

中國社會黨黨員，而江亢虎也正對新村運動有著濃厚的興趣。

革命黨人沙淦也曾有過新村的設想。沙淦，字寶琛，號憤俠，1885年生於通州興仁鎮李觀音堂。13歲時就剪去辮髮，以示對清廷的不滿。沙淦中學畢業後，得知孫中山先生在日本從事革命活動，便於1905年東渡日本，考入成城警監學校。在日期間，參加中國同盟會籌備會議，加入了孫中山組織的同盟會，是同盟會早期成員之一。辛亥革命後，加入江亢虎組織的中國社會黨，並主編《社會世界》雜誌，以「聯絡同志，研究學藝，剷除強權，改造社會，以期促進社會大同、人類平等」為宗旨。後因與江亢虎等人意見不合，於1912年11月與樂無等人另行組織社會黨，機關設在上海法大馬路小鄰里407號，因宣傳無政府主義，旋被取締。同月，沙淦與陳英士等人在上海組織「俠團」，號召「做地球大同之先鋒，為人類平等之驍將。」在這前後，他打算和樂無等人在吳淞口外的崇明島創辦類似新村這樣的烏托邦組織，因遇到困難而廢止。1913年7月，他和樂無參與編輯《良心》雜誌。同年8月，因參加討袁鬥爭，被軍閥殺害於南通，年僅28歲。

樂無即太虛和尚（1890-1947），俗姓呂，名淦森，浙江桐鄉人。16歲出家。青年時代主張以佛教救國，認為佛家的極樂世界與無政府主義者嚮往的大同世界和無政府主義理想社會是一致的。沙淦被殺後，樂無在普陀寺「閉關」3年，後到日本考察。

江蘇南通狼山風景區有一四角小亭，亭內樹「沙淦烈士紀念碑」，這是1985年中共南通市委、市政府為紀念近代南通革命烈士沙淦誕辰100周年而建。（圖片來源：21品味旅遊網httpwww.21pw.comnantonglangshan25847.html）

吳稚暉（1865-1953），江蘇武進人。1906年與李石曾等在巴黎成立世界社，發行《新世紀》雜誌，鼓吹無政府主義。他是中國近現代史上一位傳奇人物。蔣夢麟稱他是中國學術界一顆光芒四射的彗星；胡適譽之為中國近三百年來四大反理學的思想家之一；1963年聯合國科教文組織第13屆大會上選舉他為世紀偉人。（圖片來源：百度百科）

回國後致力於佛教運動。當時的革命黨人如章太炎、朱執信、葉兢生、鄒魯等人，先後都與太虛和尚結交往來；以江亢虎為首的中國社會黨人、劉師復等無政府主義者及沙淦等人的新社會黨人，太虛也與之有較密切交往。他自己也曾經加入中華民國統一黨，熱衷於革命和政治。

　　1908年，無政府主義者張繼參加了法國「鷹山共產村」的活動，前後達3個月之久，「欲竟無政府主義之用」。1903年，法國無政府黨人亨利‧孚岱在法國西北部沙列威耳附近與比利時接壤的一片森林中試辦「鷹山共產村」。這裡有農田百畝，母牛一頭，二層樓房一所，集合了來自法國、義大利、西班牙、比利時、俄國等地志同道合的人士10餘人，過上沒有警察、軍隊、官吏、資本家的自由生活，大家各盡所能，各取所需。另一位無政府主義者吳稚暉則在《新世紀》第57號上發表了《遊鷹山村殖民

張繼（1882-1947），字溥泉，河北滄縣人。中國早期無政府主義者。1908年曾參加法國烏托邦組織「鷹山共產村」的活動。（圖片來源：維琪百科）

地記》一文。

　　據無政府主義社團「心社」成員鄭佩剛回憶，陳獨秀、蔡元培、吳稚暉、張東蓀、孫伯蘭等人曾擬組織啟新農場，推行新村計畫。後來因農場規模大，不易實行而中止。（葛懋春，1984：951）

　　1907年，張繼和劉師培在日本東京發起組織了「社會主義講習會」，宣講無政府主義，被稱作「社會主義講習會」派。他們為實現無政府以後的理想生活設計了一幅稱之為「人類均力」的藍圖。這個設想的指導思想，是要在實行財產公有、人人勞動的基礎上，消滅舊時代分工以及個人才能懸殊造成的人與人之間的苦樂不均。具體方案是：每千人以上劃分為鄉，作為社會的基本生產生活單位，各鄉通過集資，購買機器，設置農業、漁業、礦業、紡織、榨油、製麵粉等行業，每個人5歲以前入棲息所養育，6-10歲學文化，10-20歲半天讀書，半天學習器械技術，21-36歲從事築路、開礦、紡織等重體力勞動，36-50歲從事烹飪、運輸等輕體力勞動，以及充任技師、醫師等職業，50歲以上入棲息所從事教育。這樣，可以做到人人為工，人人為農，人人為士，義務相均，權利相等。

　　中國無政府主義者提出的「人類均力」思想，和後來興起的新村及工讀互助主義有許多相似的地方，都主張通過人人參加勞

劉師培（1884-1919），字申叔，別號左庵。江蘇儀征人。五四新文化運動時在北大創辦《國故月刊》，任主編，以「保存國故」與宣傳新文學的《新青年》相抗衡。他對經學、小學及漢魏詩文皆有精深研究，尤擅駢文。並受西方資產階級進化論思想影響，提出研究中國古代社會的一系列新觀點。他的「人類均力說」與工讀思想有異曲同工之妙。（圖片來源：百度百科）

動，以打破由於社會分工不同造成人與人之間的不平等。

　　吳稚暉主持的《新世紀》創刊於1907年，停刊於1910年。這期間，正值克魯泡特金的互助論盛行之時。克魯泡特金宣稱自己是一個共產主義的無政府主義者，認為互助是生物界以及人類社會發展的普遍規律，人類通過互助即可進入「各盡所能，各取所需」的共產主義社會。影響中國無政府主義者最大的是克魯泡特金的互助論思潮，中國早期共產黨人很多都受到互助論思想的影響，後來轉而接受馬克思主義的。

　　劉師復是清末民初中國無政府主義集大成者，他曾有一個最終擱淺的新村計畫。

　　劉師復，原名劉紹彬，信仰無政府主義後去姓，改名師復。廣東香山（今中山）人，早年參加同盟會。1907年，他謀刺廣東提督李準，事敗，並因此失去右臂，被捕後繫獄兩年。1912年5月，他在廣州西關組織了「晦鳴學舍」，發刊《晦鳴錄》，在國內宣傳無政府主義。同年7月，又與黃涓生、華林、袁振英、區聲白、黃凌霜組織「晦鳴學舍」的週邊組織「心社」。1915年3月病逝於滬上，歸葬杭州西湖煙霞洞。

　　劉師復反對一切強權，主張絕對自由。他希望建立無政府共產主義社會，人人自由，人人自治，以獨立的精神，行互助的準

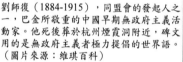

劉師復（1884-1915），同盟會的發起人之一，巴金所敬重的中國早期無政府主義活動家。他死後葬於杭州煙霞洞附近，碑文用的是無政府主義者極力提倡的世界語。（圖片來源：維琪百科）

則，一切生產要件均為社會所有，沒有偷盜、搶劫和殺人放火，也沒有自私自利，唯有勞動與互助。劉師復主張通過平民大革命的道路消滅國家、建立無政府共產主義的理想制度。他把革命進程劃分為兩個步驟：第一步，通過報章、書籍、演說、學校等傳播無政府主義，使多數人明瞭將來社會組織的美善；第二步，實行總同盟罷工，推翻強權政府，建立無政府共產主義社會。他還注重個人品德修養，主張寡嗜慾，薄名利，試圖通過個人的自我完善，抵制社會的惡習和虛偽道德。有次心社成員在廣州東園開會，有位吸煙者聽說劉師復到了，忙將紙煙藏了起來。又有一次，某政客乘轎探訪劉師復，一到晦鳴學社附近，趕緊提前下轎步行。

劉師復的無政府主義思想，在民國初年產生過一定影響，有不少小資產階級知識份子和手工業工人接受了他的無政府主義主張。

據文定《師復先生傳》記載：劉師復「很慕托爾斯泰的做人」，「以為都市太繁擾，想約同志到鄉村居住，半耕半讀。曾在新安的赤灣，覓得一地，從香港航行，約兩小時可到；面臨零丁洋，右傍宋帝陵，有田七十畝，荔枝五百株，擬名之為紅荔山莊。」後因二次革命興，這一烏托邦計畫擱淺。1915年，旅美的無政府主義者鄭彼岸得聞劉師復死訊，作一輓聯云：「春夢斷江南，紅荔灣頭虛宿約；夜盟記湖上，白雲庵裡痛前塵。」（高軍，1982）杭州白雲庵是心社成立的地方，劉師復曾隱居於此；紅荔灣則是劉師復打算創辦新村的地方。

劉師復是中國信仰無政府主義最堅決的一個，他最令人敬佩的一點是能夠保持言行一致，不單單是對於「主義」鞠躬盡瘁，而且對於他提出的每一個綱領都很認真地去遵守。據說，劉師復一直保持素食，再加上長期勞累，身體異常虛弱。有一次，劉師復生命垂危，醫生告誡他要多吃肉才能治好他的病，但他回絕說「我寧以死自矢，終不破戒」，最終因病去世，年僅31歲。他死

後，無政府主義在其門徒的廣為宣傳下得到很大發展，在廣大青年中產生了極大的影響。

新村生活雖然從未被心社成員實踐過，但心社仿效了巴黎《新世紀》小組所提倡的集體自助模式：成員們靠部分地由捐助和團體所有的生產企業如餐館和印刷廠所籌集的共有基金養活自己，還居住在共有的住宅裡。他們過的實際上是一種半共產的生活。

1920年，五四運動總司令陳獨秀在無政府主義者劉石心（劉師復的胞弟）的陪同下訪問了昆山知行新村。

是年，墨西哥歸國華僑余毅魂、陳視明等人嚮往新村運動，在江蘇昆山縣子紅村購得25畝地（當時地價每畝20元）和一頭耕牛，蓋了一間磚屋，不久又有黃大昆、鄺即超等加入，建立「知行新村」，大家共同勞動，組織學習。余毅魂、陳視明原在墨西哥從事洗衣業，不會耕種，慢慢向農民學習，就熟練了。女同志經營副業。這批新型農民有文化，不保守，對新事物敏感，相信科學，從農業科學常識書刊中，採用了新方法，取得經驗，把它推廣實踐起來，耕作水平比當地農民要高。有位書畫家王思翁（名任淇，無政府主義者，亦去姓，一般人只知他叫思翁）曾為他們書寫一聯：「日出而作，日入而息；各盡所能，各取所需。」（葛懋春，1984：951）

二、李大釗號召「青年應該到農村去」

　　新村在青年知識份子中成為一個熱門話題是在周作人訪問日本新村之後，受他影響最深的是一批思想激進的青年，其中有些人後來成為了早期共產黨人。

　　中國共產主義運動的先驅李大釗一開始就對周作人宣傳的新村主義產生濃厚興趣。在周作人的日記裡，我們可以看到「守常函介李君來，屬為紹介往新村」（1919.9.1）、「訪守常，以新村紹介函交余彥之君」（1920.1.28）等記載。

　　1920年1月，李大釗將《美利堅之宗教新村運動》一文發表在《星期評論》「新年號」上。他在文章中稱介紹的目的在於「把烏托邦在美利堅所為新村運動的歷史和成績，略為紹介，以貢今日熱心新村運動者的參考。」他把美利堅的烏托邦分為四大派：宗教的新村、歐文派的新村、傅利耶派的新村和伊加利派的新村。此文專門介紹宗教新村運動是因為「宗教的新村，是在美利堅試驗的新村中最有成績的，有些直到如今還在存在」。

中國共產主義先驅李大釗。他理想中的「少年中國」明顯帶有新村的色彩。他的《青年與農村》、《現代青年活動的方向》、《「少年中國」的「少年運動」》等文，有助於我們解讀中國現代社會思潮，甚至建國後推行的半工半讀、知識青年上山下鄉等運動。（圖片來源：百度百科）

　　《批評》半月刊的《新村號》上，還登載有他的《歐文（Robert Owen）底略傳和他底新村運動》一文。羅伯特·歐文是英國著名的空想社會主義者，他曾發起組織近代史上最有影響的一次烏托邦試驗。1824年，歐文賣掉了在英國的產業，帶領著4個兒子和一些忠實的追隨者來到了美國，花鉅款購買了印第安州沃巴希河畔3萬英畝土地，建立了「新和諧公社」（New Harmony）。這是歐文理想社會的基層單位，他希望在世人看到成效後，推廣開去，進而在世界範圍內建立起這種理想社會。這是一個正規設計的村落，街道彼此垂直交錯，中央有一個公共廣場，周圍有幾座巨大的建築物，以及一些住宅、工廠和工廠。這塊土地約3萬英畝，其中耕地約3千英畝，有19個農場，以及很漂亮的果園和葡萄園。將近1千名社員在這裡過著和諧的生活。這裡沒有剝削、壓迫，商店供給居民一切必需品，藥房免費配給藥品，兒童免費接受教育……但好景不長。由於參加的人形形色色，懷有各種想法，抱有各種目的，在如何辦好公社的問題上總是不能統一意見。領導成員的私心也日益嚴重，光想指揮社員，不願共同勞動。所以，社員之間不久就產生了各種矛盾，變得不像預想的那麼「和諧」了，工廠、作坊經常停產關門，農田收成微薄。這種情況持久下去，連歐文自己也沒有錢來貼補虧損了。4年以後，公社宣告破產，歐文大失所望，回到英國尋找別的出路。

空想社會主義思想家歐文。李大釗曾著文介紹他在北美進行的烏托邦試驗——「新和諧公社」（圖片來源：百度百科）

1919年8月，李大釗在著名的「問題與主義」的論戰中指出，新村主義「這種高談的理想，只要能尋一個地方去實驗，不把它作了紙上的空談，也能發生些工具的效用，也能在人類社會中有相當的價值。」（李大釗：《再論問題與主義》，《每週評論》第35號，1919年8月17日）。

李大釗關於「少年中國」的主張，明顯打上了新村主義的烙印。1919年9月，他在《「少年中國」的「少年運動」》一文中，詳盡談了他「理想中的『少年中國』」——

　　我所理想的「少年中國」，是由物質和精神兩面改造而成的「少年中國」，是靈肉一致的「少年中國」。

　　為創造我們理想的「少年中國」，我很希望這一班與我們理想相同的少年好友，大家都把自己的少年精神拿出來，努力去作我們的「少年運動」。我們「少年運動」的第一步，就是要作兩種文化運動：一個是精神改造的運動，一個是物質改造的運動。

　　精神改造的運動，就是本著人道主義的精神，宣傳「互助」、「博愛」的道理，改造現代墮落的人心，使人人都把「人」的面目拿出來對他的同胞；把那佔據的衝動，變為創造的衝動；把那殘殺的生活，變為友愛的生活；把那侵奪的習慣，變為同勞的習慣；把那私營的心理，變為公善的心理……物質改造的運動，就是本著勤工主義的精神，創造一種「勞工神聖」的組織，改造現代遊惰本位、掠奪主義的經濟制度，把那勞工的生活，從這種制度下解放出來，使人人都須作工，作工的人都能吃飯。因為經濟組織沒有改變，精神的改造很難成功。

　　……

　　「少年中國」的少年好友呵！我們要作這兩種文化

運動，不該常常漂泊在這都市上，在工作社會以外作一種
文化的遊民；應該投身到山林裡村落裡去，在那綠野煙雨
中，一鋤一犁的作那些辛苦勞農的伴侶。吸煙休息的時
間，田間籬下的場所，都有我們開發他們，慰安他們的機
會。須知「勞工神聖」的話，斷斷不配那一點不作手足勞
動的人講的；那不勞而食的知識階級，應該與那些資本家
一樣受排斥的。

　　……

　　只要山林裡村落裡有了我們的足跡，那精神改造的種
子，因為得了潔美的自然，深厚的土壤，自然可以發育起
來。那些天天和自然界相接的農民，自然都成了人道主義
的信徒。不但在共同勞作的生活裡可以感化傳播於無形，
就是在都市上產生的文化利器，——出版物類——也必隨
著少年的足跡，儘量輸入到山林裡村落裡去。我們應該學
那閒暇的時候就來都市裡著書，農忙的時候就在田間工作
的陶士泰（即托爾斯泰，引者注）先生，文化的空氣才能
與山林裡村落裡的樹影炊煙聯成一氣，那些靜沉沉的老村
落才能變成活潑潑的新村落。新村落的大聯合，就是我們
的「少年中國」。

　　……

　　我所希望的「少年中國」的「少年運動」，是物心兩
面改造的運動，是靈肉一致改造的運動，是打破知識階級
的運動，是加入勞工團體的運動，是以村落為基礎建立小
組織的運動，是以世界為家庭擴充大聯合的運動。（《少
年中國》第1卷第3期）

　　我們從這篇文章可以看出，李大釗理想中的「少年中國」有
著新村的影子，具有很大的空想性。

李大釗設想的「新村落」有兩點值得注意的地方：

一、他受到俄國民粹主義的某些影響，把樸素的農村生活理
　　想化了，並把希望寄託在沒有經過現代文明薰染的農民
　　身上，認為「那些天天和自然界相接的農民，自然都成
　　了人道主義的信徒」。

二、知識份子必須參加勞動，而且要深入田間地頭，與農民
　　打成一片。「那不勞而食的知識階級，應該與那些資本
　　家一樣受排斥的」。

他用充滿詩意的筆觸描繪了青年到農村去的大好前景：

　　現在有許多青年，天天在都市上漂泊，總是希望哪
位大人先生替他覓一個勞少報多的地位。哪曉得官僚的地
位有限，預備作官僚的源源而來，皇皇數年，弄不到一個
飯碗。這時把他的青年氣質，早已消磨淨盡，窮愁嗟歎，
都成了失路的人。都市上塞滿了青年，卻沒有青年活動的
道路。農村中很有青年活動的餘地，並且有青年活動的需
要，卻不見青年的蹤影。到底是都市誤了青年，還是青年
自誤？到底是青年辜負了農村，還是農村辜負了青年？只
要我們青年自己去想！

　　在都市裡漂泊的青年朋友們呵！你們要曉得：都市
上有許多罪惡，鄉村裡有許多幸福；都市的生活黑暗一方
面多，鄉村的生活光明一方面多；都市上的生活幾乎是鬼
的生活，鄉村中的活動全是人的活動；都市的空氣污濁，
鄉村的空氣清潔。你們為何不趕緊收拾行裝，清結旅債，
還歸你們的鄉土？你們在都市上天天向那虛偽涼薄的社會
求點恩惠，萬一那點恩惠天幸到手，究竟是幸福，還是苦
痛？尚是一個疑問。曾何如早早回到鄉里，把自己的生活
弄簡單些，勞心也好，勞力也好，種菜也好，耕田也好，

當小學教師也好，一日把八小時作些與人有益、與己有益的工活，那其餘的工夫，都去作開發農村、改善農民生活的事業，一面勞作，一面和勞作的伴侶在笑語間商量人生向上的道理。只要知識階級加入了勞工團體，那勞工團體就有了光明；只要青年多多的還了農村，那農村的生活就有改進的希望；只要農村生活有了改進的效果，那社會組織就有進步了，那些掠奪農工、欺騙農民的強盜，就該銷聲匿跡了。

　　青年呵！速向農村去吧！日出而作，日入而息，耕田而食，鑿井而飲。那些終年在田野工作的父老婦孺，都是你們的同心伴侶，那炊煙鋤影、雞犬相聞的境界，才是你們安身立命的地方呵！

五四時期的李大釗強調知識青年「應該到農村去，拿出當年俄羅斯青年在俄羅斯農村宣傳運動的精神，來作些開發農村的事。」（《青年與農村》，《晨報》1919-2-20～23）並一再闡明勞動對於人的意義：「我覺得人生求樂的方法，最好莫過於尊重勞動。一切樂境，都可由勞動得來，一切苦境，都可由勞動解脫。」（《現代青年活動的方向》，《晨報》1919-3-14～16日）

三、毛澤東的「學生之工作」

　　毛澤東早在湖南第一師範讀書時就接觸了一些無政府主義的小冊子，很受影響，被其中宣傳的人人平等、各盡所能、各取所需的理想社會吸引住了。他常和深信無政府主義的蕭子升等人深夜登上學校後面的妙高峰，坐在草地上暢談未來的理想社會，並盼望有機會實現它。1918年6月，剛結束4年湖南一師學校生活的毛澤東，約蔡和森、張昆弟、陳書農、熊子容、周庭藩等志同道合的朋友，在省城對岸岳麓山建立工讀同志會，從事半工半讀，地點就在寄居的岳麓書院半學齋。

　　岳麓書院庭院左右各有一齋，左為教學齋，右為半學齋。半學齋是五開間一進的舊式房屋，中間有個很大的天井，種了幾叢白玫瑰和白繡球，正開著淡雅素淨的花朵。「半學」一詞取自《尚書·說命篇》「惟教半學」一語，意為半教半學，教學相長。半學齋為歷代書院山長、高等學堂領導人居住所在。毛澤東通過楊昌濟老師的介紹，寄居於此。每天，這幫穿著粗布學生服的窮書生赤腳草鞋，拾柴挑水，用蠶豆拌和大米煮著吃，過著清苦卻又充實的生活。

青年毛澤東曾有一個十分詳細的新村計畫書，他還準備在岳麓山腳找個合適的地方試驗新村。（圖片來源：百度圖片）

　　工讀同志會只維持了短暫的10來天時間。6月下旬，毛澤東、何叔衡、蔡和森等10餘人在第一師範附小陳贊周、蕭子升處開會，集中討論新民學會會友向外發展問題。大家認為留法勤工儉學應盡力進行，決定派蔡和森赴北京籌備。6月23日，蔡和森離開長沙赴京。幾天後，他寫信給毛澤東和新民學會的其他會員，要他們作速來京。信中特別轉達了他們在湖南一師時的老師、此時正在北大哲學系執教的楊昌濟先生的意見：希望毛澤東入北京大學，為今後事業打下「可大可久之基」。

　　8月19日，毛澤東與張昆弟、李維漢、羅章龍、蕭子升等，第一次走出湖南，來到政治、文化中心北京。

　　毛澤東沒有遵囑報考北大，取得正式學籍，而是情願當一名旁聽生。他還通過楊昌濟介紹，由李大釗給他謀得一個圖書館助理員的工作。助理員職位很低，具體工作是每天到日報閱覽室上班，登記新到報刊和來室閱覽報刊人的姓名。月薪銀洋8元，儘管對於經濟拮据的毛來說，收入已很不錯，但和大學教授比起來，則有天壤之別。當時北大校長薪金每月銀洋600元，文理科學長月薪是銀洋450元，一般教授月薪400元。毛在這種崗位上自然不會被人看重，甚至受到有些人的歧視。

　　毛澤東在延安接受美國著名記者斯諾的採訪時，曾談到他在北大的歲月。他說：

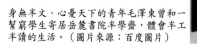

身無半文、心憂天下的青年毛澤東曾和一幫窮學生寄居岳麓書院半學齋，體會半工半讀的生活。（圖片來源：百度圖片）

> 由於我的職位低下，人們都不願同我來往。我的職責中有
> 一項是登記來圖書館讀報的人的姓名，可是他們大多數都
> 不把我當人看待。在那些來看報的人當中，我認出了一些
> 新文化運動的著名領導者的名字，如傅斯年、羅家倫等
> 等，我對他們抱有強烈的興趣。我曾經試圖同他們交談政
> 治和文化問題，可是他們都是些大忙人，沒有時間聽一個
> 圖書館助理員講南方土話。（毛澤東，1993：39-40）

　　但是，毛澤東憑藉自己過人的才智和堅韌的性格，以卑微之
身，廣泛交遊，結識了北大以及校外一批知名教授、文化名人和
學生領袖，這些人裡面包括蔡元培、胡適、陶孟和、梁漱溟、馬
敘倫、章士釗、李石曾、蔣夢麟、張申府、譚平山、王光祈、張
國燾、鄧中夏、高君宇等。這種社交才能著實令人讚歎。這些人
為他爾後走上政治舞臺，並很快成為耀眼的青年領袖，提供了很
大的幫助。

　　毛澤東在與斯諾的談話中還提到：

> 我對政治的興趣越來越大，思想也越來越激進。我已經把
> 這種情況的背景告訴你了。可是當時我的思想還是混亂
> 的，用你們的話說，我正在尋找出路。我讀了一些關於無
> 政府主義的小冊子，很受影響。我常常和一個經常來看我
> 的、名叫朱謙之的學生討論無政府主義和它在中國的前
> 景。當時，我贊同無政府主義的很多主張。

　　朱謙之是北大的一個學生，比毛澤東還小6歲，兩人卻頗投
緣。朱謙之經常來看毛澤東，相互討論無政府主義和它在中國的
前景。

　　1919年4月6日，毛澤東返回長沙，旋任修業小學歷史課教

員。他希望通過創辦一種新村的組織，實現一種新生活的理想。為此，他制訂了詳細的規劃，並親自到岳麓山下的村寨考察，尋找合適的地點。是年12月出版的《湖南教育月刊》發表了他的計畫書中的一章「學生之工作」，裡面談到：

> 我數年來夢想新社會生活，而沒有辦法。七年春季，想邀數朋友在省城對岸岳麓山設工讀同志會，從事半耕半讀，因他們多不能久在湖南，我亦有北京之遊，事無成議。今春回湘，再發生這種想像，乃有岳麓山建設新村的計議，而先從辦一實行社會說本位教育說的學校入手。此新村以新家庭新學校及旁的新社會連成一塊為根本理想，對於學校的辦法，曾草就一計畫書，今抄出計畫書中「學生之工作」一章於此，以求同志的教誨。我覺得在岳麓山建設新村，擬可成為一問題，倘有同志，對於此問題有詳細規劃，或有何種實際的進行，實在歡迎希望的狠。

　　這份新村計畫書看來很長，因為光「學生之工作」就有4千餘字。由此可見，他制訂的計畫有多麼的具體，甚至到了煩瑣的地步。如第一部分規定：

> 　　學校教授之時間，宜力求減少，使學生多自動研究及工作。應劃分每日之時間為六分。其分配如下：
> 睡眠二分
> 遊息一分
> 讀書二分
> 工作一分
>
> 　　讀書二分之中，自習占一分，教授占一分。以時間實

　　數分配，即：

　　　睡眠八小時

　　　遊息四小時

　　　自習四小時

　　　教授四小時

　　　工作四小時

　　　上列之工作四小時，乃實行工讀主義所必具之一個要素。

　　「學生之工作」第二、三部分，主要是安排工作的種類，即種園（又分「花木」、「菜蔬」）、種田（又分「棉」、「稻及他種」）、種林、畜牧、種桑、雞魚五項。強調工作服務於社會，產品必須有實際用途，特別是要養成農村生活的習慣。

　　和李大釗驚人的一致，毛澤東也將農村生活理想化，並批評青年學生脫離農村的思想傾向：「在吾國現時，又有一弊，即學生畢業之後，都騖都市而不樂田園。」「舊日讀書人不預農圃事，今一邊讀書，一邊工作，以神聖視工作焉，則為新生活矣。號稱士大夫有知識一流，多營逐於市場和官場，而農村新鮮之空氣不之吸，優美之景色不之賞，吾人改而吸賞此新鮮之空氣與優美之景色，則為新生活矣。」他對這種新村與工讀相結合的新生活充滿了期待：

　　　俄羅斯之青年，為傳播其社會主義，多入農村與農民雜處。日本之青年，近來盛行所謂「新村運動」。美國及其屬地斐律賓，亦有「工讀主義」之流行。吾國留學生效之，在美則有「工讀會」，在法則有「勤工儉學會」。故吾人而真有志於新生活之創造也，實不患無大表同情於吾人者。

　　在毛澤東設計的新村裡，學校、家庭和社會是連成一片的。首先，通過施行新教育，亦即工讀生活達到創造新學校的目的。新學校培養出的新學生為新家庭之成員，若干個新家庭組合起來即構成一種新社會：

　　　　創造新學校，施行新教育，必與創造新家庭新社會相聯。新教育中，以創造新生活為主體。前節所云「生產的工作」「實際的工作」「農村的工作」，即新生活之大端也。
　　　　新學校中學生之各個，為創造新家庭之各員。新學校之學生漸多，新家庭之創造亦漸多。
　　　　合若干之新家庭，即可創造一種新社會。新社會之種類不可盡舉，舉其著者：公共育兒院，公共蒙養院，公共學校，公共圖書館，公共銀行，公共農場，公共工作廠，公共消費社，公共劇院，公共病院，公園，博物館，自治會。
　　　　合此等之新學校、新社會，而為一「新村」，吾以為岳麓山一帶，乃湘城附近最適宜建設新村之地也。

　　青年毛澤東親自設計新村的藍圖，基本情況和周作人從日本日向新村參觀回來後所作的介紹相同，但增添了劉師復等主張必須建立的各種公共福利機關和生產機關，其規模比武者小路實篤的新村要大，是一個農林牧副漁工各業俱全的自給自足的單位。新村實行共同勞動、共同享受，實行完全的平均分配。他希望通過這種充滿「新精神」、代表「新社會」的「烏托邦」的實行，改革社會的經濟制度、家庭制度、婚姻制度等。這些設想，根本上都是在無政府主義基礎上引申出來的，小資產階級的社會主義空想。

風景優美的岳麓山，曾經被青年毛澤東看作理想的新村實驗場所。（圖片來源：百度百科）

　　毛澤東發表《學生之工作》後沒多久，湖南發生了驅張（時任湖南督軍兼省長的張敬堯）運動。毛澤東親率驅張代表團赴京，向各界控告「張督禍湘，罪大惡極」。「張督一日不去湘，湘民一日無所托命」。

　　緊迫的現實使得毛澤東無暇實驗他的新村計畫。但他從未言棄，並終於在進入暮年後得以夢想成真。

四、惲代英的「未來之夢」

　　惲代英是五四時期堪與毛澤東比肩的青年領袖。1937年，董必武回憶五四前後的武漢時說：「那時，武漢有一個激進的青年團體，他們有烏托邦和半無政府主義思想，熱衷於搞『新村運動』。這個團體的中心在中華大學，他們創辦了一個『利群書社』。他們的領導人是一個才華橫溢的青年名叫惲代英」。（高軍，1985：294）

　　1913年，惲代英進入武昌中華大學預科後開始接觸無政府主義。1917年10月8日，他在武昌組織互助社，規定以「群策群力自助助人為宗旨」，以「不談人過失，不失信，不惡待人，不作無益事，不浪費，不輕狂，不染惡嗜好，不驕矜」等八條戒約。這些戒約跟無政府主義團體心社的宗旨很相似。

　　1919年9月9日，惲代英在給少年中國學會發起人王光祈的信上寫道：（惲代英，1984：109）

> 　　我信安那其主義已經7年了，我自信懂得安那其的真理，而且曾經細心的研究。但是，我不同不知安那其的人說安那其，因為說了除挑起辯難同驚疑以外，沒有甚麼好處。我信只要一個人有了自由、平等、博愛、互助、勞動的精神，他自然有日會懂得安那其的。我亦不同主張安那其的人說安那其，因為他們多半是激烈的、急進的，嚴格的說起來還怕是空談的、似是而非的。所以同他們說了，除了惹些批駁同嘲罵以外，亦沒有甚麼好處。我信只要自己將自由、平等、博愛、勞動、互助的真理，一一實踐起來，勉強自己莫勉強人家，自然人家要感動的，自然社會要改變的。

　　如果說在創立互助社時，惲代英主要注重無政府主義基礎上
的道德修養，那麼，1920年2月成立利群書社後，則轉而注重新
村主義和工讀互助主義的實踐。他在《共同生活的社會服務》，
亦即利群書社成立宣言中，談到他們打算創辦一個獨立自給的共
同生活實體，同時做兩件事：「一、於城市中組織一部分財產公
有的新生活；二、創辦運售各種新書報以及西書、國貨的商店。
我們為甚麼要做這兩件事呢？籠統的說起來，我們懇切的盼望：
（一）有一個獨立的事業；（二）有一個生產的事業；（三）有
一個合理些的生活；（四）有一個實驗各盡所能、各取所需的生
活的機會；（五）有一個推行工學互助主義的好根基；（六）有
一個為社會興辦各項有益事業的大本營。」

　　新村主義對惲代英的影響同樣之大。1919年11月1日，惲代
英在日記中寫道：

　　　　我與香浦（即林育南，林彪的兄長）談，都很贊成將來組
　　　織新村。我們預備在鄉村中建造簡單的生活，所以需費
　　　不多。村內完全廢止金錢，沒有私產，各盡所能，各取所
　　　需。舉一人做會計，專管對外金錢出入的事，舉一人做員
　　　辦，專辦向外購買或出售各事。村裡衣服都要一致，能男
　　　女都一致更妙。會食在一個地方，設圖書室、工作廠。對

惲代英（1895-1931），湖北武昌人。
他受新村主義和工讀互助主義思想的影
響，於1920年創辦了利群書社。是年，
毛澤東路過武昌參觀了利群書社，並與惲
代英、林育南等人暢談對未來的理想。
（圖片來源：百度百科）

內如有女子兒童的教育事業，應該很注意，因為是新村全體幸福所託。對外鼓吹文化，改造環境的事業，亦很要注意。我想，我們新村的生活，可以農業為根本，兼種果木，並營畜牧。這樣做去，必然安閒而愉快。（惲代英，1981：652-653）

他在日記中給新村擬好了一副對聯，上聯是「日出而作，日入而息」，下聯是「各盡所能，各取所需」。這和無政府主義者王思翁（任淇）給昆山子紅村的知行新村擬的對聯一模一樣。

惲代英、林育南等人打算將一度中斷的浚新小學恢復起來，作為新村實驗的基地。

1920年夏季的一天，惲代英隨林育南來到黃州（今黃岡）。惲代英個子瘦高，剃著光頭，戴一副近視眼鏡，穿著一件半舊藍布長褂，乍看像一個遊學先生。在回龍山鎮新廟小學，他們和盧斌、林育黎、林育英、林彪商量在回龍山建立一所小學。第二天，他們到林家大山後右側的八鬥察看校址。八鬥有一座廟，裡面住了兩個和尚。他們覺得可以將這個廟改為學校，定校名為浚新小學，並請幾名進步知識青年到校任教。林育英暫時不去武漢，留在家裡參與學校的管理。浚新小學在林育南、林育英的努力下創辦起來了。學校招收了20餘名學生。

林育南（1898-1931），湖北黃岡回龍山林家大灣人。林彪堂兄。他和惲代英在武昌成立利群書社，作為共同生活的試驗。林彪就是在他的影響下走上革命道路的。（圖片來源：百度百科）

林家大灣林育南故居。（圖片來源：百度百科）

　　學校辦了一段時間，遇到不少麻煩，主要是經費困難，又有
教員離開，只得被迫停課。林育英寫信告訴身在武昌的惲代英，
請他想辦法幫助解決。惲代英接信後，議了一個在浚新小學周圍
發展林牧業，用林牧業的收入維持學校運轉的計畫，並將計畫的
大概內容寫信告訴了正在北京求學的林育南，希望林育南支持他
的這一設想。由於有新的同志參加，1921年2月，惲代英和林育
南、林育英等人恢復了浚新小學，除了擬制國旗外，還制了互助
旗一面，並以「互助」作為校訓。浚新小學又維持了一段時間，
但由於經費極度困難，特別是廟產發生糾紛，兩個和尚總鬧著退
還房子給他們，還準備打官司，於是學校再也辦不下去了。

　　1920年10月，惲代英發表《未來之夢》，滿懷憧憬地寫道：

　　　　我們盼望將來都市中的書社，鄉村中的學校與其他實
　　業，可以彼此互相幫助他的發展。鄉村的實業，若能有個
　　成就，不但金錢方面可幫助書社的擴充，亦可為學業有把
　　握的高等專門的同志，供給試驗學業的資本，亦可養出一

班同志趣、可靠的小朋友，為我們各種事業的幫助。

　　我們亦盼望有了餘錢，建築起我們新生活的房子。假定這房子有十間房，此外圖書室、工作室、浴室、食堂、遊戲室、廚房、儲藏室、廁屋等，約共一層樓二十間房。鄉間用土磚砌蓋，大概要不了兩千串文。這兩千串文，盼望從都市、鄉村兩處利息，及同志別方面的收入抽出。這是完成共同生活必要的一步，盼望能於最近四五年間實現。（惲代英，1984：244）

　　與一般的新村主義者不同的是，惲代英幻想通過這種大同生活的試驗，以及未來經濟組織的擴張，「與資本家決鬥」。惲代英在《未來之夢》中寫道：「我們信個人主義的新村是錯了的，個人主義的工會罷工，亦非根本良法。若用一手一足之勞，想逆經濟潮流與資本家爭勝，這是工讀互助團的覆轍，亦絕不是法子。」於是，他一方面提出「在鄉村中，借教育運動得一個站腳的地方，漸次再圖實業的運動」以實現「共產自治的共同生活」，並且對每個共同生活的成員的衣、食、住、工作、學習，甚至幼稚教育、產婦、病人的福利都作了烏托邦式的描述，另一方面又表示了希望通過這種「共同生活的擴張」和實業的發展，在經濟上以實力壓服資產階級，從而實現社會主義的不切實際的幻想。他認為「固然我們可以組織工會，鼓吹罷工，用階級戰爭為推倒資本家的方法，但我想要為世界求一個最後的解決，僅僅靠鼓動爭存的單純天性總還不夠。最好莫如利用經濟學的原理，建立個為社會服務的大資本，一方用實力壓服資本家，一方面用互助共存的道理，啟示一般階級，而且靠這種共同生活的擴張，把全世界變為社會主義的天國。」（惲代英，1984：224）

　　在開書店、辦實業的實踐中，惲代英感到新村、互助的路子實在是走不通。一年下來，他和朋友們奔波勞碌，犧牲了讀書的

時間，生計依然難以為繼。惲代英在一封信裡感歎道：「以我一年來利群書社的生活，深信都市中作小工商業，實有不免受經濟壓迫的地方……我們真飽受了經濟壓迫的況味。」

　　1921年6月，林育南從北京寫信給惲代英，對他們的烏托邦提出了懷疑：「我們這種理想是彷彿對的，但審查社會情形和我們的力量，恐怕終久是個『理想』，終久是個『夢』呵！」

五、沈定一——「浙江最有天賦之人」

　　家境殷實且熱心新村運動的，要數浙江蕭山有名的官僚地主沈定一。

　　沈定一（1892-1928），字劍侯，號玄廬，浙江蕭山人。孫中山曾評價他為「浙江最有天賦之人」，一生充滿傳奇色彩。他當過清朝的官——雲南廣通縣知縣、武定知州、省會巡警總辦。因幫助中國同盟會發動河口起義，被人告發，只得流亡日本。辛亥革命期間當選浙江省議會議長。早在1916年，作為議長的沈定一曾將家裡農田分送給佃戶，實行「耕者有其田」，他自己也下田耕作，並要求其他地主為農戶實行二五減租。1919年6月在上海與戴季陶、李漢俊一起主編《星期評論》，成為「三駕馬車」之一。這份雜誌的參與者有著密切私人關係：沈定一、戴季陶、施存統和陳望道是同鄉，戴季陶是沈定一最親密的朋友，俞秀松是沈定一最親密的學生。次年5月，沈定一與戴季陶、陳望道、沈雁冰（茅盾）、劉大白、俞秀松、施存統等人在上海成立共產主義小組；同年8月，又與陳獨秀、戴季陶、陳望道、李漢俊、施存統、俞秀松等7人成立中國共產黨臨時中央。9月，他在家鄉衙前鎮成立浙江最早的農民協會。在他的策劃和動員下，衙前發

一生才氣縱橫的浙江蕭山官僚地主沈定一曾熱心新村運動。這位被孫中山譽為「浙江最有天賦之人」於80年前發起組織了中國第一場現代農民暴動。（圖片來源：百度百科）

生了20世紀中國第一次現代農民暴動，這是20世紀中國知識精英首次深入農村發動農民起來與地主鬥爭，沈定一也成為「20世紀中國第一個號召農民起來與地主精英鬥爭的政治領導人」。（蕭邦奇，1999：95）1924年參加國民黨一大，當選為候補中央執行委員，後脫離共產黨，任浙江省反省院院長。1928年8月28日，他被兩個不明身份的人暗殺於浙江蕭山縣衙前鎮家鄉。40年後的文革期間，他的墳墓被當地社員用炸藥炸得粉碎。

沈定一身材修偉，雙目炯炯有神，喜歡喝酒，不僅學問淵博，而且能言善辯，演講極富煽動性，聽眾特別是青年人多為之傾倒。1921年8月19日，沈定一在浙江蕭山龕山東菁草庵戲臺上的講演題目中，提出「誰是你底（的）朋友」。據記載者形容，「當時聽者，擁擠不堪，大多數的農人工人，聽了他的話，感動到十二分，如見天日，這是因為他極力模仿那地方的土話，說出很明白的利害來，句句話都被農人工人聽懂了。」他雖然家境富裕，但表現得跟農民一樣，不用僕役，不乘人力車轎，親自下地勞動，過儉樸的生活。他不准家裡人叫他三老爺，讓傭人和兒子、兒媳直呼其名，令上門拜訪的朋友大吃一驚。他還讓妻妾削髮如尼（沈有一妻四妾），穿男子衣服，親自洗衣服和挑水。

沈定一脫黨跟瞿秋白娶他的兒媳婦為妻有關。瞿的結髮夫人為王劍虹，可惜年僅20歲時便因肺病去世。楊之華原是沈定一的大兒子沈劍龍的妻子。這對夫妻當年一起在上海大學上學，恰逢正擔任上海大學社會系主任瞿秋白，其學識、口才、風度，引起楊之華的傾慕，二人接觸後互生情愫。而沈劍龍也是五四後的新派人物，於是便在1924年11月同一天的《民國日報》上刊出三則啟事：一是沈劍龍與楊之華聲明仳離；二是瞿秋白與楊之華正式結婚；三是瞿、沈二人共同具名，結為好友，稱「我們仍是親愛同志」。這椿好合好散、驚世駭俗的現代婚姻，曾引得輿論譁然。1924年11月7日，瞿秋白和楊之華在上海舉行了結婚儀

式，沈劍龍親臨祝賀。有意思的是，沈劍龍送給瞿秋白一張六寸
照片，他剃光了頭，身穿袈裟，手捧一束鮮花，照片上寫著「鮮
花獻佛」四個字，意即他不配楊之華，把楊之華獻給瞿秋白。但
沈定一大為反感，甚至罵瞿秋白為流氓，因此憤而脫離共產黨。
1978年7月，著名作家茅盾在接受採訪時也談到沈定一：「這個
人很特別。楊之華原先就是他的兒媳。他是蕭山縣的大地主，但
思想開明，曾主動搞減租減息，還辦起第一個農民協會，在當時
全國算是最早的一個。他很早就信奉共產主義，並加入了共產
黨。後來他寫了封信，指責說，共產黨搞得太濫，什麼人都可以
參加，連地痞流氓、拆白黨也拉進來了。還說什麼拐走他兒媳
的，竟然也是共產黨員，等等。總之，他表示不幹了，當然，這
裡也有誤解和猜測。他的這種錯誤態度，當時曾受到黨內同志的
批評。」（韓三洲，2011）

　　沈定一和戴季陶主持上海《星期評論》時，思想之激進、作
風之開明，可以從楊之華後來的回憶得到印證：「1919年年假，
我去上海《星期評論》社。這個社當時有：陳望道、李漢俊、
沈玄廬、戴季陶、邵力子、劉大白、沈仲九、俞秀松、丁寶林
（女）等人，施存統也在一起幾個月，他後來去日本了。李漢俊
是社的思想領導中心，那時，他和日本、朝鮮的共產黨方面都有
聯繫。李漢俊和陳望道整天在社裡的編輯部工作，那個編輯部很
像個樣子。那時有不少外地學生到上海來找《星期評論》的領導
人，多半由戴季陶和沈玄廬接見。《星期評論》裡，人人勞動、
人人平等。像油印傳單等工作，大家都動手，我也在其中做技術
工作。相互間直稱名字，大部分女人剃光頭，丁寶林就剃光頭，
像一個尼姑。丁寶林是紹興女師的教員，有學問的。」（王來
棣，2008）

　　沈定一對未來社會的設想集中體現在他發表在1920年10月
《星期評論》的副刊《覺悟》上的《自由組織與部落》一文中。

他認為，人類的目的是為了生存與發展，而最好的組織形式，就是既能達到人人均等的生活條件，又能實現人的自由和全面發展的組織。這種社會裡的人，「各個備具有個性和社會性。人的個體底能夠自立，就是離開群眾各有各的個性；人的群體底能夠相安，就是可以合了各個的社會性成為一個人類全體的組合。」在這種組織裡，人人是自立的，具備生存技能，同時人人又是聯合的，以社會性的方式過著共同體生活，相互之間沒有人為的限制與阻隔。這其實和馬克思關於共產主義的設想有些類似，即達到一個以自由人聯合為基礎的共同體，在這種聯合體中，國家也自行消亡。像沈定一所認為的那樣，從部落到自由組織的轉變，國家就成了一個障礙。有所不同的是，馬克思的設想是，這種社會需要物質的極大豐富才有可能，也才不會成為烏托邦的幻想。

至於如何實現自由組織，沈定一考慮過組建新村，但因為新村組織需要地主權力與物質資源的介入，他覺得普及這種組織困難重重，不到半年，他就打消了這個念頭。實際上，隨著思潮的變動和革命形勢的發展，他自己的思想和行動也日趨激進，比如到1921年沈定一就開始主張「勞工專政」。在較短的時間內，沈定一完成了從「無政府主義」到「勞農專政」思想的轉變。

沈定一在1920年12月北大學生雜誌《批評》第5期上發表《新村底我見》一文，認為新村是達到局部改造社會的一種方法。他表明自己認同新村是由於「（一）厭棄都市；（二）豢養的生活過意不去；（三）精神勞動使軀體偏枯，並且是一個狡猾的逋逃藪；（四）把局部改造作改造的模範。」同時也提到新村的局限：「（一）非地主不能組織新村；（二）非有全付工具或和工具相等價值的現金不能組織新村；（三）非大部分依賴本來務農的農民不能組織新村；（四）非有健全的與濕、熱能抵抗的身體不能作為組織新村的成員。」

沈定一身為蕭山大戶，父、祖輩都是蕭山有名的大地主，擁

有大量的土地和房產，家裡還設有游泳池，顯得很闊氣。他不似毛澤東、惲代英那幫窮書生，連試驗新村的一塊地都找不到。但為何沒有像日本的武者小路實篤或河南的王拱璧那樣創辦一個新村，或許他對新村組織還存有疑慮，而且那時候他的思想轉變很快，性格上好動鬥狠，在當時複雜多變的社會環境下，他很難靜下心來周密考慮新村的建設。

沈定一沒有創辦新村，並不說明他看重家產。事實上，他仗義疏財，先後周濟了村子裡的不少窮人，家裡還辦了一所專為農民子弟設立的衙前農民小學校，經費主要由他負擔。有件事很能說明沈定一的個性和處世風格：1921年4月間的一天，衙前村農民李成虎與李成蛟兄弟等人因為一位販子收了他們的菜籽卻沒付款，向沈定一求助，希望他出面把錢要回來。沈即前往催討，那販子手頭卻沒有。在這種情形下，沈定一親自拿出自己的一筆錢給他們，說：「這筆錢本來不是我的，還是你們種我底田還來的租，就是你們農人自己底血汗，現在只好算農人幫助農人，不好算我幫助你們。」（孔璞，2011）

他身為地主，又當過大官，卻沒有一點架子，親自下地勞動。他的印章很有象徵的意味：由鐮刀、鋤頭、尺子和筆圍成一個四方型，中間刻著「玄廬」二字。他心目中的勞工，更多的是指工人、農民和勞動婦女等幹體力活的人。他認為，勞工「神聖」就在於「盡個人底能力，做利他的工作」，勞動人民才是社會物質財富和精神財富的創造者，而官僚、軍人、地主、議員和商人等，卻是剝削階級，是吃白食者。1919年6月15日，沈定一在《星期評論》上發表了「一念」，對知識階層進行了反省：「勞工所負的責任，不僅僅衣食住三者。凡是物，都是勞工所造的。」「哎！人是求生活的，自從呱的一聲墜地，一直經過到現在，不是我的父母所能夠養活我的，還養活我的究竟是誰？……我本身既不做工，我的先代也沒有做過工。一代一代的生活，究

竟是誰給我？唉！『勞工』。唉！『生活』。勞工所負的責任，
不僅僅衣食住三者。凡是物，都是勞工所造的。我也是人，何以
要靠別人勞工養活？我曾經拿了什麼去交換？『白吃』『白穿』
『白住』，可恥呵？」這說明他接受了當時流行的「勞工神聖」
和泛勞動主義的思想，體現了那時候進步知識份子的深刻自省。

六、嚮往新村的學子們

受新村主義影響的主要是當時的一些激進的青年學生。這些人當中，除了前面提到的毛澤東、周恩來、惲代英外，我們還可以舉出一大串名字，他們有何孟雄、黃日葵、鄭振鐸、王統照、盧隱、郭紹虞、孫俍工、羅敦偉……

何孟雄出生於一鄉村塾師家庭。1916年春在長沙岳雲中學就讀時，因帶頭反對苛扣學生伙食費被校方開除。後陸續到長沙湖南甲種工業學校、修業中學、長郡中學聽課。1917年考入湖南公立工業專門學校工專機械五班。不久當選為校學生會負責人之一，曾代表學校參加長沙學聯組織的反日愛國運動。1918年夏，與毛澤東、張昆弟等同赴北京，參與留法勤工儉學籌備活動。9月入北京留法預備學校之一的法文專修館學習，半年後入北京大學理科當旁聽生。1919年5月4日，隨北京大學同學前往天安門遊行集會，參加了火燒趙家樓的行動。隨後報名參加北京大學幹事會交際股工作，積極營救被捕同學。6月3日在街頭演講時被反動軍警逮捕，經各方營救得以出獄。同年底受無政府主義的影響，積極參加工讀互助活動，組織北京工讀互助團第一組12人開辦「儉潔食堂」，從事烏托邦的實踐。

何孟雄（1898-1931），湖南酃縣人，早期馬克思主義者。他在致《時事新報》主編張東蓀的一封信中談到了對新村和工讀互助思想的看法，其中的半工半讀設想與毛澤東如出一轍。（圖片來源：百度百科）

　　1919年11月29日，《時事新報》刊出了何孟雄致該刊主編張東蓀的一封信，上面按武者小路實篤的新村主義，提出了自己的主張——建立青年生活大本營，使青年一面做工，一面讀書，使知識階級變為勞動階級，勞動階級變為知識階級，以達到改造社會的目的。

　　他在信中寫道：

　　　　我的徵求大家的意思，就是解決生活問題，脫這萬惡的家庭羈絆，完成我們的自由。這個偌大的問題，非可數語了結，不過我提個引子，求大家加幾分意思，來討論討論罷了。然我的意思，是我們的思想，與行動一致，不受第三者牽連。於是社會上一切事情，迎刃而解。學燈欄時有討論新村的。我想此種組織非能一刻普遍實現，即能解脫現時社會大多數的痛苦。目下要一種過渡的新工具，為現時之需要，就本新村的組織，遵勞工神聖原則，改良社會的現象。根據勤工儉學宗旨：於通都大邑的地方，組織一個模範公司。

　　　　此模範公司為何要組織呢？為現時社會之現象。俾青年各滿其正當之欲望，盡其所能，取其所需，人人自食其力，不受社會家庭的羈絆。

　　　　此模範公司組織手續又何呢？此公司組織與平常組織稍異。用招股辦法，但是，除資本性質，不過為大家一個共同生活的大本營。無論什麼人，可以去做工，不分男女，只是未成年人，及老者加以限制。有一定時間。要求大學時間改訂，一方面作工，一方面讀書，引起各公司開放。所雇的工人，工作學識兼有。改良現在社會物質，立於二十世紀商場而不落於人後。發展一部分人種本能，貢獻於人類。如此種種事情可以實現那麼所討論的婚姻制

咧，男女公開社交咧，──等皆可從此入手。

　　我總括上面的意思寫來，（一）我們可以自食其力，脫一切羈絆，完成自由。（二）依思想自由，無階級，無男女，行社會開始運動。（三）智識階級變為勞動階級，勞動階級變為智識階級；具互助思想，改良現在社會上物質之現象。

　　何孟雄設想的「模範公司組織」，與毛澤東的「學生之工作」思想上非常接近，都是試圖建立一種新生活組織擺脫舊勢力的壓迫，並且在這個組織裡面，通過半工半讀的手段，實現人的全面發展。所不同的只是一個注重在鄉村，一個注重在都市。另外，何孟雄更多地從如何解決窮困學生的生計入手。這的確是個迫在眉睫的問題，經濟不獨立，又何以實現人的全面發展呢？

　　這篇文章發表後不幾日，何孟雄就參加了北京工讀互助團，過上了短暫的共產生活。

　　早期革命活動家、宣傳家黃日葵也一度對新村主義產生興趣。他在北京大學求學期間，翻譯了武者小路實篤的《新村之說明》，發表在《國民》第2卷第1號上。這是一篇專門介紹實篤的新村主義的文章。黃日葵認為，新村組織「在中國今日的現狀看

黃日葵，生於1899年，廣西桂平人。他較早地接受了馬克思主義思想，成為中國共產黨最早的黨員之一。他還是早期中共廣西黨組織的主要領導人，曾任中共南寧地委書記。後參加南昌起義。1930年病逝於上海。1920年5月，他隨北京大學訪日團參觀了新村東京支部，一度對新村運動產生興趣。（圖片來源：百度百科）

來，正用得著。」

1920年4月28日，在李大釗等人推動下，黃日葵、康白情、方豪、徐彥之、孟壽椿等五人組成北京大學訪日團赴日參觀。其中，黃日葵、康白情、徐彥之、孟壽椿都是少年中國學會會員。另外，黃日葵、康白情、孟壽椿還是北京大學平民教育講演團的團員，黃日葵還是北京大學馬克思學說研究會的發起人之一。5月12日，北大訪日團參觀了東京的新村支部。支部負責人長島介紹了新村主義的宗旨：「乃將以漸進的方法，誘致世界之大同。」（《北大遊日團與日本思想界》，《晨報》1920-6-15）

現代著名作家、學者鄭振鐸在《自殺》一文裡說：「新村的組織，乃實行泛勞動主義的唯一方法，亦是新社會的基礎。我狠願意有這種組織出現。」1920年6月8日，他致書周作人：「你是現時中國內極注意於新村問題的──也是實行新村組織的一個人。」「我們對於新村運動，很有研究──實行的興味；我個人尤有想去實行的意思。」（鄭振鐸，2009）

其時，鄭振鐸正與瞿秋白、耿濟之等人創辦《新社會》，組織社會實進會。周作人曾應社會實進會之邀，作了《新村的理想與實際》的演講。

在《再論我們今後的社會改造運動》一文中，鄭振鐸也同樣表露出了新村主義的思想傾向。

鄭振鐸（1898-1958），生於浙江永嘉。1917年入北京鐵路管理學校學習，五四運動時作為學生代表參加社會活動。1920年11月，與沈雁冰、葉紹鈞等人發起成立文學研究會。1923年1月，接替沈雁冰主編《小說月報》，倡導寫實主義「為人生」的文學。抗戰勝利後，參與發起組織「中國民主促進會」。1949年後歷任文物局局長、考古研究所所長、文學研究所所長、文化部副部長等職。1958年10月18日，在率中國文化代表團出國訪問途中，因飛機失事殉難。（圖片來源：百度百科）

　　新村主義一度成為瞿秋白、鄭振鐸等人關注的話題。他們曾為《人道》月刊組織了一期討論新村的專稿。

　　《人道》月刊是五四時期瞿秋白、鄭振鐸等人在他們所主辦的《新社會》旬刊被當局查禁後繼續出版的刊物，只出一期即停刊。第二期專刊定名為「新村研究號」，而且已編輯完畢，目錄預告也登出來了，但這時承辦方北京基督教青年會提出了種種藉口，主要是說沒有經費，結果只好停刊。

　　「新村研究號」最後轉由《批評》半月刊出版。於是，我們在《批評》第5期上見到了這麼一則啟事：

> 《人道》第二期本預備刊行「新村號」，現因特別情形，不能出版，特將所有稿件委託本社刊登；所以本刊今日發行「新村號」，共出二張，概不加價。

　　《批評》是北京大學的一個學生社團批評社主辦的一個小型半月刊，創刊於1920年10月，共發行7期。該刊隨《民國日報》向訂戶免費送閱一份。零售由住在北大第一宿舍的羅敦偉負責。上海總代售處為法租界大馬路大自鳴鐘對面的《新青年》雜誌社。

　　批評社的主要活動是通過出版物宣傳新村主義，成員大多是新村主義的信徒。在已見到的7期《批評》中，四、五、六這3期都是「新村號」專刊。

　　翻開《批評》「新村號」目錄，撲入眼簾的有一些大家熟悉的名字──王統照、周建人、易家鉞、盧隱、沈玄盧、郭紹虞。

　　王統照的文章題為《美化的新村談》，周建人的文章題為《讀武者小路君關於新村的著作》。研究五四思想的學者大都知道魯迅和周作人在對待新村運動上有著截然不同的態度，而對周氏三兄弟之一的周建人的態度，從未提及。

　　1991年3月初的一天，筆者去北大查閱五四期刊資料。舊刊藏館是一棟古舊的兩層樓建築，掩映在一片松林中。登上年代久遠的木梯，在二樓閱覽室，我找到了7期合訂本《批評》，在目錄上見到了周建人的大名，急切而又小心地翻看內文，結果大失所望——文章已被人撕掉，片字不留。後來發現，被撕毀的還有王統照的那篇《美化的新村談》。到底是誰撕掉的，也許永遠是一個謎。

　　王統照是現代著名作家，1918年入中國大學英文系。1919年參加五四運動。1921年與茅盾等人發起成立文學研究會。建國後曾任山東省文聯主席、山東省文化局局長等職。

　　周建人是魯迅胞弟，小周作人5歲。1920年考入北大，1921年到上海任商務印書館編輯。後在上海大學、暨南大學等校任教。曾擔任全國人大常委會副委員長等職。

　　五四時期與冰心齊名的著名女作家廬隱在「新村號」上發表《新村底理想與人生底價值》，主要從追求個性自由出發肯定新村的意義。文章裡說，達爾文的進化論不但沒有解決人生問題，反而使人的生活受到壓迫。「世界雖有一日千里的進步，也不過

王統照（1897-1957），山東諸城人。字劍三。他在中國大學英文系讀書時，發表了《美化的新村談》一文。（圖片來源：百度百科）

1927年，周建人（左一）與魯迅、許廣平夫婦在上海合影。周建人曾在1920年發表關於新村運動的文章，可惜文章散佚，否則可以比較一下他和兩位兄長魯迅及周作人對待新村的態度。（圖片來源：百度百科）

增人苦惱罷了！進步究竟有甚麼價值！所以專務物質的進步，不顧人的生活，這種進步是沒有價值，是增進人底苦惱。那麼，這新村的理想實現了，豈不是可恢復人生底價值麼？」

　　盧隱（1898-1934），原名黃英，福建閩侯人。1918年考入北京女子高等師範學校國文系。1923年發表的小說《海濱故人》是她早期的代表作。小說中的主人公露沙即是盧隱的化身。小說寫露沙與同窗好友在暑假歡聚海濱，對白浪低吟，對激潮高歌，對朝霞微笑，對海月垂淚，幻想著以後在海邊修一座精緻的房子，共同生活在一起。浪漫之情躍然紙上。後來，這些同伴有的結婚，有的失戀，有的歸隱，一個個風流雲散。露沙不由得感歎：「人間譬如一個荷花缸，人類譬如缸裡的小蟲，無論怎樣聰明，也逃不出人間的束縛。」小說真實而又充滿激情地表現了追求人生意義卻又耽於空想的五四青年苦悶、彷徨和悵惘的心情。

　　《批評》「新村號」上還有著名學者郭紹虞的文章《新村運動底我見》。他在文章開頭說道：「我是很贊成新村之人之一，在《新潮》二卷一號裡，亦曾介紹過武者小路的《新村的說明》，因為新村的組織，生活極合人道，而他的改造主義又極和平，所以認定、相信這一種組織亦是進自由途徑之一。這正和周作人先生一樣，所以贊成的緣故，由於性之相近故。」

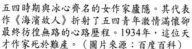
五四時期與冰心齊名的女作家盧隱。其代表作《海濱故人》折射了五四青年激情滿懷卻最終彷徨無路的心路歷程。1934年，這位天才作家死於難產。（圖片來源：百度百科）

　　郭紹虞不只是一味讚美新村，而且也主張將新村運動這種「知識階級的運動」推廣成為「平民的運動」，認為新村運動如「不謀平民的覺悟，不增進平民的地位，這種運動總是築在淺薄的基礎上面，絕不是根本的解決方法。因此，我對於新村事業既有熱烈的希望，就更願中國提倡或實行新村組織的人，兼顧到平民方面，行努力的鼓吹。一方面使新村運動的基礎格外鞏固，一方面使新村的人對於全社會更有熱烈的同情，發生更密切的關係；而不以自己享受圓滿的生活為滿足，更不以人家的效法為進行。」最後，郭紹虞「以熱烈的希望，希望新村運動的成熟，希望中國的新村運動早離開空論時代而進到實行時代——實行的研究和提倡時代。」

　　1919年10月，郭紹虞即在《新潮》第2卷第1號上發表了《新村研究》一文，文章裡說：「新村組織的起因，就是感到社會主義的潮流，覺得現在社會有種不公平不合理的事情，因此從事於改革的方法。」「他們要想免去暴烈的改革，所以援引互助的公例，才有這種平和的結合。」

　　北大學生羅敦偉的文章題為《藝術復活與新村》，文章認為，人類都有藝術的天才、創造的能力，並引用尼采的話說：「藝術就是我們的生活，生活即是一種藝術。」但由於社會制度不良和商業主義的氾濫，「藝術已宣告死刑了！近來雖有人替他

郭紹虞（1893-1984），江蘇蘇州人。1919年到北大旁聽。曾參加新潮社，並參加發起成立文學研究會。建國後任復旦大學中文系系主任、上海市文聯副主席、中國作協上海分會副主席、《辭海》副主編等職。著有《中國文學批評史》等。有《郭紹虞文集》行世。（來源：百度圖片）

說了一些不平的話，替他想營救方法，但是據我看，事半功倍，直截了當可以收效的，就莫過於『新村』了。」「新村既是不僅能夠把現代所流行的『商的經濟狀況』打破，非人的生活改造，並且能使個人的與人類的本能同等發展，又將宇宙的本能弄活，實現一種靈肉一致的、全的、善的、美的、人間的生活。享受我們設想的正當生活，靈肉一致的生活，自我可以儘量地表現，創造可充分地發展，『藝術』在這種世界中當然可以橫衝直撞，大為活躍，我所以放大膽地大聲叫道：『新村實現！藝術復活！』」

1921年1月4日文學研究會在中央公園來今雨軒舉行成立會時的合影。前排右起第一人為易家鉞。易家鉞（1898-1972），湖南漢壽縣人，後名君左。1918年入北京大學。他翻譯日本三田隆吉的《遊伊豆的共產村記》，登載在《批評》「新村號」上。（圖片來源：鐵血網）

國民黨元老于右任1948年贈羅敦偉自製詩。羅敦偉（1897-1964），字韶卿。1920年10月26日，羅敦偉在北京批評社編輯並創刊《批評》半月刊，宣傳新村主義，刊物隨上海《民國日報》附送。羅敦偉當過報社主筆、大學教授，後去了臺灣。（圖片來源：雅昌藝術拍賣網httpauction.artron.netpaimai-art5003730252）

孫俍工（1894-1962），原名孫光策，
又號孫僚光，湖南隆回人。是中國現代
一位有影響的教育家、語言學家、文學
家和翻譯家。（圖片來源：百度百科）

　　五四時期，易家鉞與羅敦偉組織了「家庭研究社」。1922
年，易家鉞與羅敦偉出版了合著《中國家庭問題》，書中自始至
終詛咒傳統家庭制度，明顯表露出「烏托邦」的思想。

　　即將從北京高師畢業的孫俍工也曾對新村運動產生濃厚興趣。

　　孫俍工曾和周作人多次討論新村，並互致信函。他們討論新
村主義的文章發表在《工學》上。《工學》是北京高等師範學校
部分在校學生和一些畢業生組成的工學主義團體，組織者有匡互
生、劉熏宇、孫俍工等。

　　1920年3月27日，孫俍工致函周作人說：「新村這個組織，
我終認為改造社會的很實在的方法。現在外面不贊成新村的人，
皆因是新村的勢力很小，恐怕他不能勝過社會的勢力，而反被社
會所征服了。但這是新村不發達沒有普遍的緣故；並不是新村自
身的組織有什麼不好。假設這種組織漸漸的多起來了，勢力也一
天比一天的大了，那麼要使社會變成一種『新村化』，我想很是
容易的事。」此函發表在《工學》月刊「工學主義與新村主義的
討論」一欄上。在《工學》第1卷第4號上，還登載有孫俍工的
《工學主義與新村》一文。

　　孫俍工是現代知名學者，少習古文。1916年入北京高等師範
學習。1918年入同言社，組織工學會。1920年到長沙第一師範任
國文教員，結識了毛澤東，成為摯友。1924年留學日本，並從事
翻譯。他在1920年代出版的《唐代的勞動文藝》一書，體現了他
的勞工至上的觀點。1930年任復旦大學中文系主任，轉向文藝理

毛澤東覆孫俍工函。孫任長沙第一師範
國文教員時，與毛交往甚篤。據稱，孫
俍工深諳書法，毛澤東曾受其點撥，功
夫大長。（圖片來源：《湖南日報》
2003-10-17）

論及文藝史研究，出版《文藝鑒賞論》。建國後，任四川教育學
院、湖南師範大學教授。1956任中科院語言研究所研究員。著有小
說集《海的渴慕者》、《生命的傷痕》及《中國文學通論》等。

　　後來成為著名報人的邰光典（擔任過《庸報》總編輯），
先在天津求學，後來入了北京大學。他曾在天津的《新生活》雜
誌上發表過《理想的將來新村之實現》，又在上海新人社出版的
《新人》月刊上發表《文化運動中的新村譚》，還寫過《組織新
村商榷書》。

　　2012年，我偶然從網上搜到一位網友在其部落格中記錄其父
親的一段回憶：「再次來到十里洋場，這時日本的武者小路實篤
已經有一個新村的試驗——也是空想的、『和平過渡』的社會主
義。天津有個邰光典（解放後我還看到過他的名字），號召在楊
村召開『新村會議』，我很神往，立即通信回應；但軍閥混戰，
沒有開成，終於可望而不可及，何況『遠水不能解近渴』。」
（http://jiyesjy.blog.hexun.com/14488697_d.html）

　　南開中學學生、後加入少年中國學會的章志也在《南開日
刊》第39號上發表《中國的「新村」》一文，認為新村主義是最
好的，它的精神是「人當做人的生活，人人必須勞動，人人都是
平等的，共同工作和共同生活，大同主義，庶民精神。」「這不

是中國實行大同的初步麼？諸位！諸位！機會不可得，快快投股才好呢。」

中華職業教育社附設學校的學生，1919-1920年間，按照「新村」的理想成立了小組織，還把宿舍命名為「新村」、「平民村」和「友誼村」等，要求參加者共同從事工藝勞動，以所得收入共同消費。

關注中國現代歷史的人還會發現，1920年代以後，南京等地曾出現過燕子磯小學、棲霞山鄉師及附小和善人橋等處的「新村」組織。這是現代鄉村教育派在新村運動的影響下，主張教育下鄉並身體力行的結果。1929年，曾當過袁世凱幕僚的張一麐去了陶行知在南京辦的曉莊師範，回來後便與李根源、黃炎培等發起建設善人橋新村。1927年前後，上海的黃渡新村、南京的燕子磯新村等已辦得有聲有色。1931年，由張一麐、李根源擔任正副主席的「善人橋農村改進會」在穹窿山下寶林寺內成立，委員12人。改進會組建的合作社幫村民產品經銷海外，增加了農民經濟收入。李根源為了幫這裡的孩子解決讀書問題，建了五六間平房，辦了一個私立闕塋小學，當時招收學童70多人。為了方便推廣新農村建設，李根源曾用上了當時最先進的「電化教育」——使用幻燈片來教育村民使用化肥、脫稻機、抽水機等現代化的農業手段。此外他還大膽地宣傳新婚姻法，提倡寡婦可以改嫁等。

章志與「少年中國學會」部分會員合影。後排右起：鄧中夏、章志、李大釗、陳愚生、高君宇、黃日葵。前排左起：劉仁靜、孟壽椿、沈治、蘇甲榮。（圖片來源：人民網httpcpc.people.com.cnGB6911271148711537146548447 34.html）

還仿照日本浴池的模式設計了公共浴池。李根源與張一麐倡議辦實驗農村，引起了當局的注意並加以干擾，善人橋實驗農村不久便夭折了。（沈紅娣，2011）從事鄉村教育貢獻卓著的人民教育家陶行知曾鼓勵學生下鄉辦學：「同去改舊村，同去造新村。」（陶行知，1985:57）

　　平民教育的倡導者均強調學者下鄉，深入民間，參加體力勞動的重要性，強調學習與勞動相結合，「知」與「行」、「工」與「讀」相結合。在這一點上，平民教育運動與工讀新村主張可以說是相通而桴鼓相應的。所不同的是，平民教育派認為農村的落後在於農民的「貧、窮、弱、私」，因而他們試圖通過普及教育改變中國貧窮落後的面貌。新村則主張「共產」，是脫離舊村的烏托邦。

七、王拱璧和他的「青年村」

晨光躍上柳梢，晨景奔赴眼膜。
看，遠處，深處：
沒有水的浪，沒有山的壑。
野之海，村之島：
如此婀娜。

月姑娘，面紗重重，
從天邊送來秋波，
她向這裡召喚：
無償航空，可願到天宮享樂？
不，
此間最樂。
……

這是王拱璧1923年6月發表於北京《晨報》副刊上的一首詩，題為《夏之晨》。詩中的田園寧靜優美，生機盎然，所表達的喜悅和自豪極富感染力。

在河南大學任教時的王拱璧。
（圖片來源：大河網httpnews.
dahe.cn201205-03101202920.
html）

　　王拱璧是新村主義的踐行者，他於1920年創辦的「青年村」帶有新村和鄉村教育雙重色彩。

　　王拱璧於1886年9月17日出生於河南陳州府西華縣孝武營村（今鄢城縣青年鄉青年村）。1904-1906年，王拱璧就讀於河南大學堂，開始接觸一些進步書刊。1907年回鄉組織「天足會」，進行革命活動。1908-1909年就讀於上海公學。這期間，他由革命黨人萬仞千介紹加入中國同盟會。1910年，王拱璧奉中國同盟會之命回河南開展革命活動。1914-1916年，他先後任省立高師、礦專、體育專校、省立一中音樂教員。1917年1月，他到日本東京早稻田大學研究生院留學。不久，被選為河南留日學生會會長、中國留學生總會幹事。1919年春，受中國留日學生總會的派遣兩次回國，赴上海支持五四運動。他將留日觀感寫成的《東遊揮汗錄》一書於1919年11月出版，此書有助於人們認清日本的侵略本質和陰謀。書中記載了1919年5月7日3000名留日學生與日本警察在東京搏鬥的場面，將搏鬥中受傷者彭湃等27人、被捕者譚政等23人和判刑者杜中等7人的姓名、籍貫和情況一一首次披露於世，成為後人研究留日學生運動史、日本侵華史、中國青年運動史難得的珍貴資料。

鄢城王拱璧先生紀念亭。
（圖片來源：召陵政府網）

　　1920年春天，王拱璧從日本返回故鄉。歸國之前，他曾接到教育部電報，讓他「速來報到，聽候任用」。當時教育部職員工資很高，王拱璧卻把眼光放在位於中原腹地的農村老家，誓言「寧到農村走絕路，不進都會求顯通」。

　　王拱璧在日本結識了武者小路實篤，歸國後兩人仍有聯繫，武者小路不時給他郵寄《新村》雜誌。據王拱璧長子王膺民回憶，他曾看到武者小路實篤寄給他父親的書刊中有《新村》，在王拱璧的雜誌目錄中也有《新村》（日文）。（苗春德、申磊，2001）不過，王拱璧把眼光放在農村，並不只是受「新村主義」的影響，更重要的原因，是他深感當時農村日益嚴重的危機。他決定結合中國的國情進行「新村」實驗。

　　1920年10月9日，王拱璧將本村崇實小學堂改為青年公學。他還為學校創作了校歌《青年公學樂樂樂》。崇實小學堂位於村子東頭，由王拱璧之父王夢山於1913年創辦。他還召開村民大會，將孝武營改為「青年村」，設置「村事務所」、「調解委員會」。青年公學實施「農教合一」的教育制度，培養農林各種合格的人才。教育宗旨為在全面發展的基礎上，以「勞動」、「健康」為中心，把學校和農村建設成為幸福的樂園。王拱璧自任青年公學校長，建立董事會，實行民主管理。經過幾年努力，青年公學逐步發展壯大，設有幼稚園、小學部、農村補習部、中學部、職業部、高等補習部、婦女部，共20餘班，700餘人。課程採用自編教材，注重結合農民生活。這年10月，又將村充實小學改造為青年公學。這是王拱璧寄予厚望的地方，他希望這個學校與農村改造緊密結合，因此辦學宗旨極有特色，辦學形式開放多樣。其最大特色是結合農村生活，強調學以致用，教育與勞動緊密相連。學校有七畝農林試驗場、七畝桑園，引進國外良種，聘請老農老圃30多人，教學生農作物栽培、植桑養蠶、養畜養蜂、磨粉制飴、木工鐵工、烹調縫紉等知識和技能，組織學生參加植

樹造林、興辦水利等公益事業。在當時新式教育與農村完全脫節的背景下，這所學校另闢蹊徑，培養的學生既有文化知識，又兼備農村生活技能。

在建村過程中，王拱璧與青年農民張鐵生、王書義，省高級師範畢業生朱瑞廷、葛非逐漸結成了五人團體——「素社」。「素社」二字，別有深意，一是「素族自守」，即不屑於從政和從軍，表明不與軍閥政府合作的意思；二是有濃重的儒學色彩，表明以儒為業，以興辦教育作為己任。

「素社」有一個不對外宣傳的內部信條，即把孝武營村建成「人人有勞動，家家有地種，貧富有飯吃，男女有權柄」的農村樂園。

王拱璧把面臨的問題拿到「素社」，與同仁們一起討論。他們曾設想按人口平均調整土地，實現孫中山先生提倡的「耕者有其田」，但此舉遭到地主、富農的堅決反對，中農也不完全贊成，他們最終不得不放棄。但在徵收保衛、護青、水利、福利等費用時，他們推行了按畝累進制，每口低於一畝半的免收，地越多徵收越多。與此同時，他們也多次推行減租減息。這些舉措讓地主感到地多十分不利，逐漸賣出部分土地，貧富懸殊狀況有所改變，貧富矛盾也得以緩解。就這樣，王拱璧在理想與現實間不斷調和，逐漸將「新村主義」成功「移栽」到中原腹地。

在王拱璧及村委會的領導下，村民興修水利、疏浚河道、修築堤防、維修橋樑，並植桑養蠶、改良作物品種，經濟得到恢復；村中實行減租減息，減免貧困人口負擔，青黃不接時，倡導各戶互借糧食，因此再無人逃荒要飯；青年公學蒸蒸日上，學生人數日益增多，農民補習班、教師培訓班次第開辦；村保衛團訓練有素，與附近磚橋、冷飯店等村聯保，保境安民。1923年河南軍閥趙倜敗兵過境，不少村莊慘遭劫掠，青年村不僅安然無恙，青年公學義勇隊和村保衛團還解除了部分敗兵的武裝，繳獲鋼槍

10多枝，解救人質一名，自此「大小股匪，均未敢犯」。

在風雨淒淒的舊中國，在兵荒馬亂的河南省，能有這樣一個村莊，簡直是奇蹟。青年村的名字，青年村的生活，令許多人心響往之，前來參觀的人絡繹不絕，湖南社會問題研究社、山西《自由週刊》、河南自治促進會、河北翟城村、定縣平教區、南京曉莊師範等處均派人前來調研、座談，《晨報》、《時事新報》、《新中州報》等媒體都刊登了長篇報導。

青年公學因成績顯著，北京《晨報》曾以「青年公學大略」為題給予報導，引起教育部和國內外學者的重視，不少人前往參觀。1924年，河南省政府曾頒予「惠嘉青年」匾額，教育部也頒給二等金質獎章，對王拱璧予以嘉勉。

90年前的青年公學，確實有很多獨特的地方，在教育史上都堪稱奇蹟。

辦學之初，王拱璧就捐出自家的32畝地、數十間房、上千冊藏書，並聲言放棄5年任教薪酬，隨後又將兼任西華縣教育局長的薪水悉數捐給青年公學。3年後，為擴展校址，他拿出家中僅有的積蓄，購地22畝捐出。王拱璧信奉孫中山「耕者有其田」的理念，自認不是耕者，不應有田，所以一生不買田地，這是僅有的一次。在他影響下，本村也有地主為學校捐助土地和房屋，一些社會人士也仗義捐助。即便如此，隨著青年公學影響日大，要求入學的農家子弟驟然增多，學校經費捉襟見肘。為了把學校辦下去，王拱璧想盡了辦法。他設法爭取到縣區每年補助400元，多次前往開封募捐，在好友任白濤、杜子勁等的協助下，以新式音樂舞蹈演出，募得善款500元。1923年，青年公學初見成效，當時主政河南的馮玉祥將軍派人前來視察，資助了3000元，學校得以增建校舍、增購教具、擴大規模。

青年公學實施「農教合一」的教育制度，著力為農村培養各種人才，在全面發展基礎上，以「勞動」、「健康」為中心，力

圖把學校和村莊建設成「幸福樂園」。青年公學聘請優秀教師，採用自編教材，注重體音美教育和素質培養，各班都組織社團，學生自主活動，遇到農村集會，即登臺演講。

青年公學的收費制度也十分獨特。該校對貧困生免費，各種補習班免費，其餘學生則按照其家產確定收費標準，家產少的少交，家產多的多交，最高限額為每年6元。有研究者認為，這樣的收費辦法，在教育史上十分罕見，但在那個特殊時期，這種辦法使貧家子弟有了受教育的機會，也使青年公學成為王拱璧理想中的「眾人之學」。1924年，青年村又實行義務教育，男女適齡兒童必須入學。

「如今的新課改什麼的，都趕不上當年青年公學提倡的素質教育。」說起當年的青年公學，漯河市召陵區實驗高中（前身為青年公學）校長張滿有既嚮往又無可奈何，「我們想學老校長（指王拱璧）的辦學理念，但壓力重重。上體音美課程，都說咱瞎胡來；讓各班搞社團，班主任、家長都想不開：咋老領著學生玩？弄得俺不敢搞、不敢放開辦學。」（姚偉，2011）

王拱璧把青年公學作為青年村的核心，著眼於農村社會改革。經過實踐，在移風易俗、團結增產、打擊土豪劣紳、減租減息上取得了顯著成績，動搖了封建制度在這塊土地上的根基。

1926年10月，土匪袁英率千餘人圍攻青年村，殺害村民20餘人，民房和校舍被燒毀百餘間，財物被搶劫一空。王拱璧在群眾的掩護下脫險。嗣後，他攜眷去開封任職。

1942年春，王拱璧回到青年村，將青年公學改為青年中學，任董事長兼校長。青年中學曾經為社會輸送了一批又一批的人才，還掩護過共產黨的地下工作。青年中學先後改名為郾城青年職業高中和漯河召陵區實驗高中學校。現發展成為占地108畝，19個教學班，在校生1300多人，集普通教育、職業教育、短期培訓、勞動就業「四位一體」的新型實驗高中。

　　解放後，王拱璧長期擔任河南省圖書館館長一職。1976年3月27日去世。

　　王拱璧的「烏托邦」試驗持續了6年多，雖然最終失敗，但它留下來的寶貴經驗，對如今的新農村建設，仍具有借鑒的意義。

有車大家乘坐，
有田大家耕作。
不要金錢，
互助生活。
不要軍隊槍炮免為人禍，
既不納妾又無婢僕。
大家做工，
大家求學。

《今日！明日！》，《工學》第1卷第1號

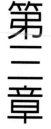

第二章　曇花一現的工讀互助團

一、李超之死

　　1919年夏天，北京國立高等女子師範學校有位叫李超的學生因肺癆在一家法國醫院去世。這樁看似稀鬆平常的事在北京教育界引起了軒然大波。這不僅釀成了一起事件，還直接導致成立了轟動一時的北京工讀互助團。發起者試圖使這個烏托邦團體成為窮學生的庇護所，甚至新生活的試驗場。

　　曹聚仁先生在他的雜文《娜拉出走問題》的開篇寫道：「娜拉以女英雄的姿態出現於五四時代。李超女士死得適逢其會，在易卜生主義倡導者胡適博士的筆底，儼然是反抗封建勢力的戰士。」這「適逢其會」四字用得再恰當不過了。

　　如果不是在五四那個特定的時代，一名普通的女學生之死絕不會引起輿論的沸沸揚揚，眾人的關注、同情，甚至片言隻語的議論，何況關注者包括蔡元培、李大釗、胡適、王光祈等社會名流。

李超女士追悼會紀念卡。題詩者係少年中國學會會員蘇甲榮。（圖片來源：孔夫子舊書網）

　　李超是廣西梧州人，生於官宦之家，因與封建舊家庭決裂而離家出走，輾轉來到北京國立高等女子師範學校讀書。因為家裡斷絕了她的經濟來源，又不幸身染肺病，20剛出頭的她在貧病交加中淒慘死去。這一天是1919年8月16日。她死之後，棺材停放在北京的一個破廟裡，後事均由她的同鄉和朋友料理。沒過多久，胡適收到一包李超生前的書信，是朋友為她清理遺物時發現的。這些信稿已被李超的朋友分類編輯過，他們希望北大教授胡適對這位女學生的不幸辭世寫點什麼，以便在追悼會上宣讀。胡適讀了這些書信之後，內心很不平靜。從11月12日起，他幾次三番將「作《李超傳》」的計畫寫在自己的日程表上，但動筆卻一拖再拖，直到追悼會前5天，1月25日下午1點，胡適終於開始動筆寫作《李超傳》，六、七千字一氣呵成。

　　胡適為什麼要下這麼大工夫，為這個素不相識的女子作傳呢？胡適自己的解釋是，「因為她的一生遭遇可以用做無量數中國女子的寫照，可以用做中國家庭制度的研究資料，可以用做研究中國女子問題的起點，可以算做中國女權史上的一個重要犧牲者。」他在《李超傳》裡很認真地寫道：「我覺得替這一個女子作傳比替什麼督軍做墓誌銘重要得多咧。」

　　在這篇傳記裡，胡適認為李超之死應引起世人對以下四個問題的深思：（一）家長、族長的專制；（二）女子教育問題；（三）女子承襲財產的權利；（四）有女不為後的問題。

　　11月29日下午，位於石駙馬大街的北京女高師從學校大門到禮堂之間的兩旁樹木和建築物上都用素絹和白花裝點，莊嚴而肅穆。在京的著名學者、社會活動家李大釗、陳獨秀、蔡元培等和各大、中學師生代表，以及社會各界千餘名男女不顧嚴寒，懷著沉痛的心情來到北京女高師，深切悼念女高師學生李超。為限制與會人數，男賓一律憑入場券進場。即使採取了這樣措施，整個會場仍擠得水洩不通。會場的東側紮有彩棚，中央懸掛著李超的

遺像,上有蔡元培先生題寫的輓聯橫批「不可奪志」,輓聯是:求學者如此其難,願在校諸君,勿辜負好機會;守錢虜害事非淺,捨生計革命,不能開新紀元。左右擺放著來賓送來的20餘個花圈;送輓幛、悼文的多達3百餘份。追悼會由李大釗、陳獨秀、蔡元培、胡適、蔣夢麟等學界的知名學者和女高師學生共同發起。14時,奏哀樂,追悼會開始。由大會主席周家彥主持。首先全體向李超遺像三鞠躬。大會主席宣讀祭文後,李超的同鄉李君報告李超簡歷和致死原因。然後發起者李大釗、陳獨秀等依次講話,梁漱溟、黃日葵、羅家倫、張國燾和女高師學生孫繼緒、陶玄等也即興發言。在發言的間隙不時奏起沉痛、低緩的哀樂,使人們更覺這位女青年死得淒慘,死得悲壯。會中,還散發了胡適先生撰寫的《李超傳》和印有李超照片的追悼會紀念卡。

追悼會從下午兩點一直開到5點,實際上成了婦女問題的演講大會。

李超之死猶如一石激起千層浪,對北京教育界震動不小。這幕悲劇給予當時出走的中國娜拉們一個可怕的警示——沒有經濟支撐的自由是不可靠的。

在沖決一切網羅的五四時代,那些受到各種新思潮影響的青年人,突然發現周遭的一切和自己是那麼的格格不入。他們掙脫

易卜生代表作《玩偶之家》劇照之一。劇中主人公娜拉成了婦女尋求解放和平等的一個象徵。該劇對處於封建婚姻包辦制度下的中國青年影響甚鉅,娜拉成為他們崇拜的偶像。五四時期,一些覺醒了的女性採取了娜拉同樣的反抗方式——從束縛個性與自由的舊家庭出走,像女作家廬隱、冰心、丁玲、白薇都是中國的娜拉。(圖片來源:百度百科)

家庭的羈絆，或從鄉村漂泊到大小都市，或從都市留學海外，為的是尋求真理，過上一種全新的生活。還有的受到無政府主義思想的影響，提出不要國家，不要家庭，甚至不要姓。他們享受到了前所未有的自由——指點江山，激揚文字，毫不避諱地宣講自己的主張，勾畫對未來社會的構想。

那時，許許多多覺醒了的女青年為了求學，也為了追尋個性自由和愛情，不惜與舊家庭決裂，並從西方的娜拉身上學會了出走這一個體反抗的方式，從四面八方漂泊到大小都市。像女作家廬隱、冰心、丁玲、白薇都有過出走的經歷。她們的歡欣與痛苦都源自內心自由的悄然覺醒。

娜拉成了那時候中國知識女性的榜樣。正如著名女作家張愛玲所言：「中國人從《娜拉》一劇中學會了出走。無疑地，這瀟灑蒼涼的手勢給予一般中國青年極深的印象。」

娜拉是挪威戲劇家、詩人易卜生的戲劇《玩偶之家》中的主人公。該劇通過海爾茂律師一家舒適、體面、幸福的生活描寫，逐漸揭露出籠罩著這個家庭的精神上的粗暴、自私和壓迫，表現了海爾茂太太娜拉的心靈痛苦和最後的覺醒。海爾茂前程似錦，娜拉美貌溫柔，夫妻和睦，孩子可愛，過著許多人看來「幸福的」生活。可是，經過一場家庭的變故之後，娜拉終於看清了丈夫自私虛偽的真面目，她再也無法忍受這樣的生活了。娜拉終於出走，只聽見外面「砰」的一響——大門關閉聲，接著就是全劇的閉幕。

娜拉這一形象成了五四青年爭取人格獨立和意志自由的象徵，或者說與封建舊家庭決裂的象徵，所以大受歡迎，《新青年》還出版了「易卜生專號」。戲劇《娜拉》到處上演，後來成為「紅都女皇」的江青也曾飾演過娜拉。「不做玩物」、「要人格」、「要自由」的呼聲不絕於耳。胡適曾這樣解釋易卜生主義：「娜拉拋棄了家庭丈夫兒女，飄然而去，只因為她覺悟了她

自己也是一個人，只因為她感覺到她『無論如何，務必努力做一個人』，這就是易卜生主義。」

對於自我意識甦醒了的新型女性來說，選擇出走或許是反抗強大的舊勢力最佳的途徑之一。但擺在她們面前一個嚴峻的現實是：出走之後，如何才能解決自己的生計，並守護來之不易的自由。正如後來魯迅在《娜拉走後怎樣》這篇著名演講中說的：「娜拉既然醒了，是很不容易回到夢境的，因此只得走；可是走了以後，有時卻也免不掉墮落或回來。否則，就得問：她除了覺醒的心以外，還帶了什麼去？倘只有一條像諸君一樣的紫紅的絨繩的圍巾，那可是無論寬到二尺或三尺，也完全是不中用。她還須更富有，提包裡有準備，直白地說，就是要有錢。」「所以為娜拉計，錢，——高雅的說罷，就是經濟，是最要緊的了。自由固不是錢所能買到的，但能夠為錢而賣掉。」

娜拉出走後命運怎樣？是重新回到舊勢力的懷抱，還是像李超那樣悲慘地死去，抑或成為某些男人擺設的花瓶，這是無法迴避的一個嚴峻的現實問題。古往今來，為了錢而出賣自由的娜拉們何止百萬千萬，即使時至今日，也比比皆是。

少年中國學會負責人王光祈參加李超的追悼會後，發誓為貧寒的學子尋求一條出路。他苦思冥想，打算仿效蔡元培、李石曾發起勤工儉學的辦法，並結合先前設想的「菜園新村」生活，組織「工讀互助團」。

12月15日，王光祈在《晨報》上發表文章：「凡是受黑暗家庭虐待的女子，或是因婚姻壓迫的女子，或是生活困難的女子，都可以到我們社中生活，而且我們可以共同向舊家庭舊社會開始總攻擊，我們團體便是與舊家庭抵抗的大本營。」

王光祈的建議立即得到了一些女權主義者的回應，認為婦女「因現社會環境的惡劣，一旦脫離家庭，另謀獨立底生活，本非容易做到的。所以要謀適當的組織，共來維持生活才好。這個組

織當以實行工讀互助團底辦法為最適宜的」。（蓮枝：《婦女解放的先決問題——要謀「經濟獨立」》，《婦女評論》1卷1期）甚至有人將工讀互助團視為婦女解放的靈丹妙藥：「我很望各地的女同胞多組織這些團體，……做婦女解放的利器，社會革命的基礎，更望有志爭女權和人格的婦女運動家少談些爭參政權的廢話，多從事組織女子工讀互助團，以減少食飯而不做工及不識字的人，就是社會進化人類的幸福了。」（《北京婦女生活狀況調查》，《婦女評論》1卷3號）

二、城市中的新生活

1919年12月4日,李大釗主持的《晨報》副刊上發表了王光祈撰寫的《城市中的新生活》。

這是一個將勤工儉學與烏托邦相結合的方案。文中寫道:

> 數月以前,我與左舜生君討論小組織新生活問題,注意鄉村間的新生活。今天我所提倡的是城市中的新生活。
>
> 昨日我著一篇改造舊家庭的方法,主張組織一種女子互助社。今天我所提出的就是把女子互助社的範圍擴張為男女生活互助社,為苦學生開一個生活途徑,為新社會築一個基礎。
>
> 現在青年男女受家庭種種壓迫,欲脫離家庭另謀獨立生活,但是一個少年人初離家庭,四顧茫茫,社會黑暗又勝過家庭百倍,大有窮途之歎。我們若先有一種適當的組織,可以維持他們的生活,他們膽子大了,便可踴躍前來,與黑暗勢力奮鬥。這是第一個理由。
>
> 現在青年男女大概皆倚賴家庭生活,一方面為家庭之累,一方面養成倚賴習慣,終身不能獨立生活;為社會之蠹。若是有一個適當組織,可以訓練他們的獨立生活。這是第二個理由。
>
> 現在社會制度不良,平民生計日艱,雖有優秀青年,亦為境遇所迫,不能讀書。若是有一個互助組織,便可自由讀書。這是第三個理由。
>
> 我們大家的腦筋中都希望將來有一個新社會實現。但是若要新社會實現,必先養成一種互助勞動的習慣。這是第四個理由。

我們天天在文字上鼓吹改革社會，從未有改革社會的實際運動。這種互助組織，便是我們實際運動的起點。這是第五個理由。

有了以上五種理由，我們便應該計畫一種實行的方法。

（一）這種團體的名稱，可以稱為「工讀互助團」。
　　　因為在這團體裡的團員，必要具備兩種資格；
　　　（1）作工；
　　　（2）讀書。

（二）生計方法，暫時可以分出兩種：
　　　（1）手工：如織襪、織手巾、裝訂書籍之類；
　　　（2）販賣：如販賣國貨及書報之類。
　　　關於置備機械、租賃房屋的資本，我們願意擔任籌募。

（三）團員不限於男女，均在一處共同作工，惟寢室分作兩處。

（四）每日作工六小時，讀書三小時，其餘時間作為娛樂及自修之用。

（五）共同工作所得之收入，為團體共有之財產。

（六）團員生活所必需的衣、食、住，皆由團體供給。

（七）團員所需之教育費、醫藥費、書籍費，皆由團體供給。惟所購之書籍報紙均係團體共有。

（八）團體中須置備陶情悅性之音樂數具，隨時舉行各種遊戲，共同娛樂，或結隊郊外旅行，強健身體。

（九）團員求學擇校，完全聽其自由，並可用團體名義請求各校特准旁聽，減少學費。

（十）若因工作時間太多，不便在各校聽講，則由團體每日敦請有專門知識的學者教授二鐘。

（十一）凡有團員一人之介紹，經本團體評議會認可，便得為團員。

（十二）凡自願退出團體時，須提出理由書，經評議會通過，得聽其自由退出。

（十三）每日工作所得，皆須在冊上注明，若有怠於工作情形，由評議會提出警告，若經三次警告，仍不努力，即令退出團體。

（十四）本團評議會，由團員全體組織之。

（十五）本團執行部由評議會選出若干人組織之。

（十六）執行部辦理會計，庶務等事。

（十七）本團團員須隨時佩帶本團徽章。

（十八）團員有不道德之行為時，互有規勉之義務，若事情重大，有妨團體名譽，即由評議會令其出團。

　　以上數條是我隨手寫出來的，雜亂之弊，在所不免。將來正式組織時，再作成有系統之規定。這種組織比半工半讀學校好，因為半工半續學校的課程，是有限制的，不能將各科皆辦齊全，以應一般苦學生的需要。而且程度參差不齊，又不能開辦若干班次。現在把生活與求學分成兩事，較易辦理。第十條特請教員教授，是一種補助辦法。

　　這種組織比「成美會」好，因為「成美會」供給苦學生的學費，在供給的方面，便是一種恩惠行為，在受供給的方面，便是依賴他人生活。故不如這種團體，完全由自己奮鬥。

　　這種組織比「新村」容易辦到，因為「新村」須要有土地，而且我們現在生活的根據，又在城市。所以這種主張比較切實可行，更為需要。

這種組織，除北京先行著手外，將來在天津、南京、上海、武漢、廣州各處都要設法推行。我很願意費些時間，專奔走此事。

這種辦法已與陳獨秀、李守常諸君等商量，我們立刻就要做去。現在請求閱者諸君兩事：

（一）代調查手工藝種類，並說明需要資本若干，務請詳示；

（二）凡願為此種生活者請先期見示。

通信處北京東華門宗人府東巷東口內蓬廬　王光祈

從王光祈這篇文章可以看出，他組織工讀互助團的目的首先是替窮學生求學提供機會，長遠目標是通過這種工讀組織實現新生活、新社會的理想。

1920年1月，《新青年》、《少年中國》等著名報刊登載了下面這則頗引人注目的「工讀互助團募款啟事」：

做工的窮人沒有力量讀書受教育，這不是民智發達上一種缺憾嗎？讀書的人不能做工，教育越發達，沒有職業的流氓越多，這不是教育界一種危機嗎？占全國民半數的女子不讀書不做工，這不是國民的智力及生產力一種大大的損失嗎？父兄養子弟，子弟靠父兄，這種寄生的生活，不但做子弟的有精神上的痛苦，在這財政緊急的時代，做父兄的也受不了這種經濟上的重累。同人等因此種種原因，特組織「工讀互助團」來幫助北京的青年，實行半工半讀，庶幾可以達教育和職業合一的理想。倘然試辦有效，可以推行全國，不但可以救濟教育界和經濟界的危機，並且可以免得新思想的青年和舊思想的家庭發生許多無謂的衝

突。照眼前試辦的預算,需費不過千元,凡贊成此舉者,
請量力捐助為荷。

發起人　蔡元培　陳獨秀　李大釗　胡　適
　　　　顧兆熊　周作人　王星拱　高一涵
　　　　程演生　張崧年　陶履恭　李辛白
　　　　陳溥賢　徐彥之　羅家倫　孟壽椿
　　　　王光祈

　　由於有上面這些名人出面支持,工讀互助團一千元開辦費
很快就募齊了。據《新青年》七卷三期所載「北京工讀互助團消
息」,陳獨秀捐洋30元,胡適捐20元,李大釗捐10元。原計劃捐
款1千元,實募得現洋1041元,票洋254元。

　　工讀互助團這種組織形式得到了不少人的擁護。蔡元培在
《少年中國》第1卷第7期上發表《工學互助團的大希望》,樂觀
地表示:「少年中國學會的工學互助團,是從小團體腳踏實地的
做起。要是這種小團體,一處一處的佈滿了,青年求學的問題,
便可解決。要是感動了全國各團體都照這樣做起來,全中國的最
重大問題也可解決。要是與世界各團體聯合起來,統統一致了,
那就世界最重大問題也統統解決了,這豈不是最大的希望麼?」

　　蔡元培雖然舊學淵源很深,但思想非常開明。他是清末翰林
院庶吉士,甲午戰爭後開始接觸西學,爾後加入中國同盟會,宣
傳排滿革命。1907～1911年留學德國,1912年任南京臨時政府教
育總長,主張採用西方教育制度,廢止祀孔讀經。1915年與吳玉
章等創辦留法勤工儉學會。1917年任北京大學校長,實行「思想
自由、兼容並包」的方針。從思想本質上講,他是資產階級民主
主義者,但也有著明顯的無政府主義傾向。他一向推崇克魯泡特
金的互助論和托爾斯泰的泛勞動主義,希望人們結成一個工讀結

合的共同體，以互助代替競爭，大家各盡所能，各取所需，再由這些共同體組成國家，進而組成全世界的大共同體。

新村是蔡元培心中深藏著的一個夢想。1930年4月召開的第三次全國教育會議上，南京立法院招待會員餐敘，胡漢民提出關於姓氏、結婚和家庭的三個問題要求會員發表意見時，蔡元培仍主張，姓氏是不要的好，可以設法用別的符號來代替。「在理想的新村裡，以不結婚為好。在這新村裡，有很好的組織，裡面有一人獨宿的房間，也有兩人同睡的房間，跳舞場、娛樂室，種種設備，應有盡有。當兩人要同房居住的時候，須先經醫生檢查過。並且要有很正確的登記，如某日、某時、某某同房住。將來生出子女，便可以有記號了。」家庭也是「不要的好；不得已而思其次，小家庭比大家庭好。」（蔡元培，1999：196～197）值得注意的是，蔡元培將這種廢財產、廢婚姻的理想社會建立在道德高度自覺的基礎之上，「非世界大多數人承認後，決難實行，故傳播此主義者，萬不可自失信用」，因而他強調「必有一介不苟取之義，而後可以言共產；必有坐懷不亂之操，而後可以言廢婚姻。」（高平叔：1996：278）

熱衷新村的沈定一（玄廬）同樣對工讀互助團深表贊許。他在《星期評論》第30號上發表《我對於組織「工讀互助團」

蔡元培（1868-1940），中國現代最著名的教育家，字子民，浙江紹興人。1917年任北大校長，實行「思想自由，兼容並包」的辦學方針，宣傳勞工神聖，積極支持五四運動。他的內心深藏著一個理想的新村──廢除財產和婚姻，大家共同勞動，共同生活，各盡所能，各取所需。（圖片來源：百度百科）

的意見》一文，希望「各處推行這種組織，斷沒有在北京城裡做得的事，在廣東、廣西、湖南、湖北、浙江、江蘇……會做不得的。」「中國的文明，不能不由最高的學府肩挑這等重擔。生活與知識的大饑荒逼到眼前來了。工讀！工讀！！互助！互助！！我才望到你一線曙光，我希望你照遍十方世界！」

王光祈在《少年中國》第1卷第7期上的《工讀互助團》一文，對工讀互助團的宗旨作了闡明：「工讀互助團是新社會的胎兒，是實現我們理想的第一步。」「工讀互助團果然成功，逐漸推廣，我們『各盡所能，各取所需』的理想漸漸實現，那麼，這次『工讀互助團』的活動，便可以叫做『平和的經濟革命』。」

《工讀互助團》一文中的簡章明確規定了以下原則：

一、實行公有制。「工作所得，歸團體公有。」「社會一切罪惡都由私有制度產生，要免除這種罪惡，惟有打破私產制度，實行共產。」

二、各盡所能。工讀互助團規定了工作專案以及每日工讀時間。在規定工作時間裡，每人要各盡所能，同時要提倡互助，強者幫助弱者。「工作以時間為標準，不以工作結果為標準，譬如甲只要兩點鐘便可織一匹布，乙需要四點鐘始可織一匹布，但是甲仍然應該作四點鐘的工，以盡其所能。」

三、各取所需。「團員生活必需之衣食住，由團體供給。團員所需之教育費、醫藥費、書籍費，由團體供給，惟書籍係歸團體公有。」「團體對於團員所供給的每種費用，尚略有限制。將來辦理久了，已養成互助習慣，便可由團員自由取用，以實行『各取所需』的原則。」

通過貫徹以上各項原則，工讀互助團的理想是：

人人作工，人人讀書，各盡所能，各取所需。

王光祈十分看好工讀互助團的前途：「現在武昌、南京、天津、湖南平江、上海、浙江各處皆將組織，前途很有希望。但是

我希望組織的範圍愈小愈好，而組織團體愈多愈好。若有聯絡的必要時，還是實行我們『小團體大聯合』的計畫。我們團員隨便到什麼地方，皆有工可做，有書可讀。」將來的「新生活」便是：

「日出而作，日入而息，鑿井而飲，耕田而食，帝力——政府——於我何有哉！」

最後幾句是從遠古流傳下來的《擊壤歌》的歌詞，王光祈只是加上了「政府」二字。相傳帝堯時期，人們安居樂業。有位人稱壤父的老人在田間進行擊壤的遊戲，遊戲規則為將一塊鞋子狀的木片側放在地上，在三四十步外用另一木片投擲，擊中算勝。壤父一邊遊戲，一邊歌唱：「日出而作，日入而息，鑿井而飲，耕田而食，帝力於我何有哉！」後世便以「擊壤」作為歌頌太平盛世的典故。

三、短暫的共產生活

　　北京工讀互助團的消息傳出後，吸引了不少青年學生，結果有數百人踴躍報名參加。這些人目的不盡一致。如第三組（女子組）成立時一篇報導上談到，有的貧苦家庭以為它是慈善機關，想送孩子去學點職業技術；有的是考不上大學想以此作為「進身之階」；甚至有些太太小姐聽說它是婦女解放的先聲，想借此過上自由自在的生活。對於大多數而言，是將它作為新生活的實驗。

　　王光祈親自編制預算，租房子，制傢俱，不到半個月，工讀互助團就辦起來了。由於條件所限，僅吸收了30餘人。起初只有兩組，後增為4組。

　　第一組設在北大附近的騎馬樓鬥雞坑7號。成立於1920年1月。有何孟雄、俞秀松、施存統、周百棟、傅彬然、陳公培、王衡等11人。這是最激進也最引人注目的一組。

施存統（1899-1970），後改名復亮，浙江諸暨人。1920年加入上海共產主義小組。1922年任團中央書記等職。大革命失敗後脫黨。建國後任勞動部副部長、民建中央副主席等職。是著名作曲家施光南的父親。（圖片來源：百度百科）

傅彬然（1899-1978），又名冰然，出生於蕭山小康之家。1916年考入浙江第一師範學校。後加入中國共產黨。1930年與組織失去聯繫而脫黨。後進上海開展明書店工作，長期與葉聖陶一起擔任《中學生》編輯。建國後曾任中華書局副總編等職。（圖片來源：百度百科）

周伯棣（後排右二）與張聞天（前排中座者）等人合影。周伯棣（1900-1982），又名白棣，浙江餘姚人。1917年入浙江省立第一師範學校。後擔任中華書局、《新中華》雜誌編輯，先後在中山大學、廣西大學、復旦大學等高校任教。在財政金融領域研究成果頗豐。（圖片來源：《新民晚報》2007-11-12）

　　何孟雄很早就對新村式的小組織充滿嚮往，這回他毫不猶豫就報名參加。

　　俞秀松、施存統、周伯棣、傅彬然來自杭州。他們原是浙江第一師範學校的學生，思想激進，曾與浙江公立甲種工業學校和第一中學的部分學生創辦過《浙江新潮》。俞秀松撰寫的《發刊詞》表達了這群熱血青年的非凡抱負：

　　「第一種旨趣，就是謀人類——指全體人類——生活的幸福和進化。」

　　「第二種旨趣，就是改造社會。」

　　「第三種旨趣，就是促進勞動者的自覺和聯合。」

　　「第四種旨趣，是對於現在的學生界、勞動界加以調查、批評和指導。」

　　施存統曾在該刊物上發表《非孝》一文，引起浙江輿論界一片譁然，一些頭面人物甚至要求浙江一師驅逐俞秀松、周百棣、施存統、傅彬然這「四大金剛」。《浙江新潮》被迫停刊。北京陳獨秀在第七卷第二號《新青年》上寫了一篇題名為《〈浙江新潮〉——〈少年〉》的隨感錄。《少年》是由北京高等師範附屬中學少年學會出版的一種刊物。陳獨秀對《浙江新潮》給予很高的評價，說「非孝和攻擊杭州四個報——之江日報、全浙公報、浙江民報和杭州學生聯合會週刊——那兩篇文章，天真爛漫，十分可愛，斷斷不是鄉愿派的紳士說得出來的。」他還說「我禱告

這班可愛可敬的小兄弟,就是報社封了,也要從別的方面發揚《少年》、《浙江新潮》的精神,永續和窮困及黑暗奮鬥,萬萬不可中途挫折。」

《浙江新潮》在杭州被禁,俞秀松想在上海印第三期,結果到了上海未能辦成。這時,正巧看到報上登載的北京工讀互助團的啟事,便在1919年底來到了北京。他在北京大學見到了陳獨秀。經陳獨秀介紹,來到東城騎河樓鬥雞坑7號,參加了工讀互助團第一組,同時在北京大學哲學系旁聽。

俞秀松參加工讀互助團後給家裡寄了一封長信,還寄了一張照片,照片背面寫著:「我來的目的是:實驗我底思想生活,想傳播到全人類,使他們共同來享受 甘苦、快樂、博愛、互助、自由……的新生活才算完事!」

施存統、周伯棣、傅彬然也隨後趕到北京參加工讀互助組。

工讀互助團第一組成員中還有王衡。王衡,即後來以筆名魯彥成為現代鄉土寫實派代表人物之一的小說家,15歲去上海一家洋紙行當學徒,堅持自學成才,因貼標語反對奸商販賣日本紙,被老闆發覺,故投奔到北京加入工讀互助團。傅彬然在《憶魯彥》一文中說:「大約民國九年(1920)1月間,團裡接到一封從上海寄來的信,署名王返我,說是個洋行裡的小夥計,覺得那樣的生活太沒意思……非離開那兒不可。他渴望著能夠容許他入團,來過那理想的快樂生活。語句帶著濃厚的感情,大家看了

俞秀松、施存統等創辦的《浙江新潮》週刊。

俞秀松（1899.6-1939.2），原名壽松，字柏青，浙江諸暨人。1916年考入浙江省立第一師範學校。1920年參與創辦上海共產主義小組。1925年在上海參與領導「五卅」運動。1933年被派到蘇聯遠東伯力工作，任中文版《工人之路》副總編。1935年6月，被調任新疆反帝總會秘書長、新疆學院院長等職。1937年因被王明、康生等人誣陷入獄。1939年在蘇聯被害。1962年被追認為革命烈士。（圖片來源：百度百科）

王衡（1902-1944），筆名魯彥，浙江鎮海人。現代著名作家，早期世界語翻譯家之一。其著作大部分取材於故鄉浙東村鎮的風土人情。魯迅、茅盾、葉聖陶等都曾對其作品做過評價，譽之為「鄉土文學之代表」、「鄉土作家」。他1920年進北京工讀互助團後改名忘我。（圖片來源：百度百科）

很感動。經團員一致通過，立即寫信去邀他來。……進團以後，他把原來『返我』這名字改為『忘我』。這位從『返我』改做『忘我』的朋友就是後來的魯彥。」魯彥接到「工讀互助團」的覆信，沒有告知父母親便毅然北上，從而走上了另一條更廣闊的人生道路。他一邊以在北大門口擺飯攤和洗衣等服務謀生，一邊在北大旁聽魯迅講授「中國小說史」和自學世界語。因為崇拜魯迅，所以取了筆名魯彥。

　　這組有個女團員，叫易群先，是國會議員易變龍的女兒，這位大小姐因不滿意封建家庭的束縛前來投靠工讀互助團。

　　參加這一組的成員陳公培後來回憶說：「1919年冬，北京王光祈等發起組織『工讀互助團』，蔡元培、李大釗、陳獨秀、張申府、周作人等都是贊助人。發起時，在報紙上徵求團員，施存統等外地青年也起來參加。參加者有：施存統、傅彬然、王魯彥、章鐵民、張北海（無政府主義者，後來很反動）、易群先（女的，後來表現不好）、周伯棣、何孟雄、張樹榮等人，惲代

陳公培（1901-1968），湖南長沙人。又名吳明、無名。1920年夏參加上海共產主義小組，是中國共產黨最早的黨員之一。同年赴法國勤工儉學。北伐戰爭時期曾任國民革命軍第四軍政治部副主任、武漢工人運動講習所教員。1927年參加南昌起義。後與黨組織失去聯繫。建國後任政務院、國務院參事。是第二至四屆全國政協委員。（圖片來源：百度百科）

英同志也曾來信說要參加，但不過三、四個月這個團體就解散了。」（王來棣，2008）

　　第一組的經營項目如下：

　　一、在北京大學第二齋（即第二學生宿舍）對門建立「儉潔食堂」。顧客主要是北大的一些師生。這一股有8人，分兩班，每班4人，輪流值班。早班自上午7時至下午2時，晚班自下午2時至晚間9時。外雇廚師1人指導，其他如掌櫃、採購、煮飯、跑堂、洗碗及清潔工作，均由團員輪值。房租每月6元。食堂牆壁上掛著一副對聯：「寧流額上汗，勿染手中血。」何孟雄的工作是當「儉潔食堂」的跑堂。

　　開始的時候，食堂只有3間房子，5張桌子，地方狹小，辦了兩個月後，另租了兩間房，添了5張桌子。但生意一直比較清淡。食堂會計是吳名世，沒有多少經濟頭腦，有時團員問他情況怎樣，他總是說吃飯倒不存在問題。但後來大家都碰到吃飯的問題了。

　　二、放電影。這一股4人。每星期一下午7時至9時在女子高等師範開演；星期二、三下午7時半至10時在北京大學第二院大講堂開演。放映員是請的外面的人，團員們只管收票賣票。辦了一個多月，除收回成本130元，尚餘30元。如果觀眾少，還要賠本。幸好在女子高等師範演了三場，有學生捧場，每場賣出兩百

張左右的票，所以才有些盈餘。但由於一連好幾天生意清冷，不得已只好停止放映了。

三、洗衣。這一股4人，施存統就分配在這一股。每天工作5小時。開辦的頭幾天，專門洗團員們的衣服。後來去收外面的衣服，一連收了三四天，還不到20件。沒有辦法，只好和齋夫商量，託他們去收，每件給他們3%的報酬。結果齋夫將衣服收來後，暗地裡仍舊送到洗衣房去洗。有一次，施存統和另一團員章鐵民到齋夫房去收衣服，正碰到洗衣房裡收衣服的人坐在那裡，感到既尷尬又難過。洗衣股辦了兩個多星期，僅僅收入70多枚銅錢。這份工作很快就停止了。

四、印刷。這一股人數不定，每天工作5小時。據分在這一股的傅彬然回憶，這一股的幾個人先去西城晨報館學排字，接著又到北大新成立的英文排字部學習過若干天。印刷分為印信紙、信封兩種。信紙每小時可印三四百張，信封每小時可做二三十個。除印之外，還要負責採購、推銷。辦了一個多月，僅賺了3元錢。後來，這一股的人認識到即使成為熟練的排字工人，用半天時間工作，也未必維持生活。於是，又由互助團登報尋求家教的工作。傅彬然就曾到一位大官僚家當過家教。

五、英算專修館。也就是辦英算補習班。這一股有兩個團員，每天工作6小時以上。學生人數每月在20～30人之間，每月收入約有四五十元。

惲代英曾專程參觀了第一組，傅彬然與另一團員同他交談了近兩個鐘頭。

這一組貫徹共產生活最為徹底，團員們甚至要求尊奉無政府主義的「六無」主張，即無強權、無法律、無婚姻、無家庭、無學校。

這一組的團員們大多認為社會的一切罪惡，都是由財產的私有制度造成的，要免除這種罪惡，只有打破私產制度，實行共

產。開始有幾位團員對實行共產持懷疑態度，不贊同過共產生活，這樣團體就面臨破裂的危險。王光祈聽說後非常著急，趕緊做疏通工作，勸思想激進的幾位暫時維持現狀，暫緩共產一事，結果施存統、何孟雄聽不進去，認為共產是根本問題。另外幾位不贊成共產的團員只好自願退了出來。

這組團員曾把團員的衣服都集中起來，分類放置，誰愛穿，就自由拿來穿。

這一組實際上貫徹的是無政府主義。為了和舊家庭徹底決裂，他們決定脫離家庭，不受家庭的羈絆。他們還認為婚姻沒有存在的必要，對先前已婚或訂約未婚的，主張和對方脫離關係，離的離婚，解約的解約。

俞秀松在得知父母為他預訂的婚期推遲的消息後，在一封致襄世伯的信中寫道：

> ……我現在非但不承認有婚姻的一回事，並且對於自由戀愛四個字也不滿意了。我相信男女同是個人，並沒有什麼各別，所各別的，不過生理上的一小點。男女的交際，也是人和人的交際，並沒有什麼兩樣，所兩樣的，不過有時性態要衝動起來，倆要交媾罷了。但這件交媾的事，也是最平常的沒有了，有什麼希奇？有什麼秘密？我們正想提一個「自由交媾」的問題，你不要看了，笑我們是畜生非人，其實這不算一回事──無意識的。可憐呀！這般夢人，到了這個大天白亮，還是懵懵懂懂地不醒，無怪他們自尋苦惱！
>
> 這裡男女大小十四人，主張都徹底，我實在還算不得什麼……請你告訴我底過去的家庭，叫他們不要替我著想，聽我底自由吧！

團員們還主張脫離學校，凡是從前在學校裡的都退出來改為旁聽生，因為旁聽生行動自由，可以不受學校的約束。他們也不指望得什麼學位，更不想拿什麼學分，各人只選擇自己有興趣的功課去聽。另外，他們還在團裡請人教世界語，因為無政府主義者認為世界語適用於大同世界，是他們推崇的語言。

最初一陣子，這一組的團員們體味到了從未有過的新生活，部分實現了無政府共產主義的一部分，心情都非常愉快。

第二組設在西城翠花街北狗尾巴胡同5號，位於北京工業專門學校（後改國立北京工業大學，校址在祖家街端王府夾道，今北京西城趙登禹路育幼胡同）、法文專修館、北京師範學校三校附近，團員有羅漢、李實、匡互生、王恕、郭曾楷、張衡沛等11人。開辦費預算共約4百元。

他們的主要經營項目有：

一、平民補習學校。附設在高等法文專修館內。有男女學生80餘人，共分二組，每組若干班。

二、消費公社。名稱為北京平民消費公社，設在法文專修館大門西邊。最初只販賣書報，後又增設文具、化妝、日用、食物等類。

三、平民工廠。即小日用品的生產。分化學工藝和鐵木工藝兩部。化學工藝部生產洗髮劑、潤面膏、漿糊、墨水、粉筆等。鐵木工藝部生產兒童玩具、教育用品等。

四、承包法文專修館的食堂。

五、洗衣局。定洗附近寄宿生的衣服。

這一組的團員也是採取選修的方式，自由進出課堂。在生活上，財產服飾之類均不分彼此。

第三組設在女子高等師範附近，後遷東安門北河沿17號（今椅子胡同東口）。少年中國學會負責人王光祈先物色張人瑞、田維等女子高師學生，作為第三組聯絡人（同期報告人還有「致

殊」、「冰如」，或為化名），並聯繫了北京《晨報》發佈招募消息。1月17日，《晨報》以《女子工讀互助團快成立》的標題，刊載了一則廣告。這則廣告宣稱，「成立伊始，團員大概只十人至十五人，有志入團者不可不先行向該校發起人接洽，以免額滿是遺」。但應者寥寥。這一天，第三組聯絡人撰寫了一則熱情洋溢的廣告，《吾親愛的姊妹們曷興乎來》。「姊妹們呀！處黑暗的家庭，受種種的束縛，這豈不是最苦痛的事情麼？……」在這樣感同身受的詰問後，聯絡人斷言：「……我知道我們女子並非甘心受這種痛苦，沒有奮鬥的精神，實在沒有奮鬥的機會罷了！現在女子工讀互助團已經成立了，就是吾們女子謀幸福的機會到了！……」

2月16日，在《第三組的經過》一文中，冰如談起了招募過程的種種怪現象。她說，經費有了，「現在最困難的就是團員」。一個月來，到女子高師來報名的也有二十多人，「但對於『工』、『讀』兩個字，有點把握的不過兩三人」；而其餘成員大致可以分為三種情況。

一是貧苦人家的女孩子。冰如說：「窮貧的人以為這是個慈善事業，像女子職業學堂。女兒在家裡橫豎吃白飯，不如送到團裡去吃幾年飯……豈不是頂好的事嗎？」

正因此，這些父母紛紛委託「穿長衫」、識文斷字的人送女孩子來報名，「說了許多請求的話，要我們可憐他」。而貧苦女孩子之外，來的還有幾個時髦的太太。

這些太太大多受過新式教育，聽說工讀互助團是「女子解放的先聲」、「謀自由獨立的好機會」，她們紛紛前來報名。但，「聽說要在團裡住，洗衣煮飯都要自己做，讀書作工都有一定的時間，他就不願意來了」……

最後，還有一些讀過幾年學堂、但考不進女子高師的姑娘。冰如說，「（她們）聽說團員可到女高師入學，就要來入團，做

個晉身的階級，想得到個『女學生』的美名」……

　　招募困難之外，還有社會的阻力。談到這一點，冰如似乎頗為傷感。她說，因為擔心逃婚、離家出走的女成員招惹麻煩，房東們都不願把房子租給她們；「我們這兩個星期內，向女高師附近尋房子。……聽說女學生佃，都以為是靠不穩的事，高抬房價，不肯借給我們」……

　　如果說，冰如還反覆強調，「第三組無論如何是要成立的」、「要是有畏心，事事都做不到成功」、「我們是一心一意做下去」……那麼，3月24日，致殊發表的《工讀互助團第三組情形》，則流露了悲觀、憂慮重重的態度。致殊說，「現在房子已經租好了，團員也來了幾個，不過當這初辦的時候，不免有種懷疑的態度，和研究的性質」；「將來的進行怎樣，那也不敢武斷」……

　　有女團員繆伯英、李欣淑、致殊、冰如、張人瑞、田維以及錢初雅、何琛媛、韓德誥（朝鮮人）等10餘人，都是女性，故名「女子工讀互助團」。冰如在《第三組的經過》一文中講到，有位女生先報名、隨即跋涉幾千里前來，其路途之曲折輾轉，令人擔心，「一個從來沒出過門小姐式的女子……不知道遇了危險沒有」。

繆伯英（1899-1929），湖南長沙人。她是中共第一位女黨員，曾是女子工讀互助團的骨幹成員。後與何孟雄結為夫婦。（圖片來源：（百度百科）

女子工讀互助團的主要經營項目有：

一、織襪；

二、縫紉；

三、刺繡；

四、手工製作。如小手帕、信箋、信封、帽子、兒童用具等；

五、販賣商品及書籍。

繆伯英是該組骨幹成員，1899年10月出生於湖南長沙縣清泰鄉繆家洞楓樹灣（今開慧鄉飄峰村楓樹灣）的一戶書香門第家庭。父親繆雲可早年在岳麓書院讀書，晚清中過秀才。繆伯英在姐妹3人中，排行老大，妹妹仲英，弟弟立三。繆伯英從小活潑聰穎，深受父母鍾愛。1909年9月，父親送她到省立第一女子師範學校附屬小學念書，希望她能延續他「教育救國」的抱負。1919年，繆伯英以長沙地區考分第一的優異成績，考取了北京女子高等師範學校。1919年底得知組織北京工讀互助團的消息後，懷著實驗工讀互助社會的理想，加入了這個團體，一邊工作，一邊讀書（因為參加社會活動，她在女高師的學習延長了一年，直到1924年秋季才畢業）。繆伯英初入互助團時，和她一起考入北京女高師的一位同鄉好友曾在一個星期天找到她，勸她回校繼續正規的學業，畢業後回鄉做事，建立一個小家庭。繆伯英謝絕了

女子工讀互助團團員在勞動。（圖片來源：張允侯等著《五四時期的社團》）

她的好意。消息傳到長沙，風言風語吹到繆雲可耳中，說什麼「不要錢的書不安心去讀，搞什麼半工半讀，真是不長進」。但繆雲可深知女兒的為人，未加干涉，並且寫下「我有心靈能識古，今逾耳順亦知新」的詩句，表示了自己對女兒的支持。

　　李欣淑則是中國典型的「娜拉」，曾因「出走」事件而聞名一時。她的父親是一名前清官員，年幼時為她定親，後來未婚夫死了，父母起初從禮教上考慮，希望讓她守「望門寡」，但後來又從經濟上考慮，把她許配給一個有錢人家。李欣淑讀過書，受到新思想的洗禮，對於父母兩次包辦婚姻極為不滿，於是毅然出走，並在報紙上發表聲明：「我於今決計尊重我個人的人格，積極地同環境奮鬥，向光明的人生大路前進。」1920年春，她參加了北京工讀互助團。李欣淑的果敢行動震動了長沙各界。《大公報》發表文章評論說：「現在李欣淑女士出走，她抱百屈不撓的精神，實行奮鬥的生活，把家庭的習慣，名教的藩籬，一齊打破，她有徹底瞭解的新思想，她有愛世努力的人生觀，她有積極的辦法，她有實踐的勇敢。」（毛澤東，1990：424）

　　由於繆伯英和姐妹們的積極努力，北京女子工讀互助團存在的時間比第一、第二、第四三個組都要長。在第一、第二組1920年3月停辦以後，她們還繼續堅持了好幾個月。1920年10月16日

北京工讀互助團廣告三則。
（圖片來源：張允侯等著
《五四時期的社團》）

《北京大學日刊》上，還刊登有北京女子工讀互助團招攬縫紉的
廣告。北京女子工讀互助團堅持到最後的成員有繆伯英、錢初
雅、何琛媛、韓德浩四人。1920年9月5日出版的《婦女雜誌》
第六卷九號以「女子工讀互助團」為題，刊登了她們四姐妹的
照片。

　　北京工讀互助團第四組於1920年2月4日成立，團員主要是法
文專修館的一些川籍學生，因赴法勤工儉學有困難，於是在國內
實行工讀。該組設在東城松公府夾道八號（今沙灘北街），原為
10人，後有1人赴法。

　　這一組的工作是在住所開鋪販賣，鋪子名稱為「食勞軒」，
取「自食其力」的意思。主要經營項目有：

　　一、食品。售元宵、醪酒、醃製臘肉、香腸等。因這一組都
是四川人，他們出售的食品多為四川風味的醃臘製品和滷菜。

　　二、零售。販賣文具及日常用品。

　　這組團員經北大校長蔡元培特批，免費在北大旁聽。

　　北京工讀互助團成立後，《新青年》、《時事新報》、《晨
報》等著名報刊都作了積極的介紹和宣傳。

　　《北京大學日刊》曾經刊登過北京工讀互助團第三、四兩組
的廣告。共3則，如1920年9月16日的一則廣告為：

　　　　北京工讀互助團三、四兩組自造的毛巾、襪子出來
　　了！他們只取相當資金、最低工價，所以值廉物精。
　　　　諸位願試的，請到東城馬神廟東食勞軒或各國貨店。
　　商標是「工讀」。

　　該組解散後，劉伯莊、蒲照魂、賴慶褆等人也來到了法國。
這幾人後來都是赴法勤工儉學生中的積極分子。劉伯莊和趙世炎
等人在法國巴黎成立了「共產主義同盟」。回國後曾擔任中共北

京地委書記等職。賴慶禔因食用蘑菇中毒於1921年9月在法國南部城市克魯梭病逝。次月，蒲照魂在進佔里昂中法大學的鬥爭失敗後，憂憤成疾。在法國聖太田的三等醫院裡，幾個同病室的法國人見他生得體魄強健，懷疑他是為了躲工來泡病號的，更有人說他賄賂了法國看護婦，為他在此躲工混飯吃作掩護。性情剛烈的蒲照魂，剛剛從里昂中法大學這場鬥爭中逃回來，哪受得這等奚落，當天晚上便用自己心愛的武術表演器械剖腹自殺了。他擔心自己不死，剖腹之後又自刎。他留下遺書：「殺身成仁，以此殉學！」

四、上海工讀互助團

工讀互助團曾引起第二次來京的毛澤東極大的興趣。

1919年12月，毛澤東和王光祈等發起組織的少年中國學會取得聯繫，並正式加入了這個團體。有時候，他們聚在一起討論如何開展工讀互助。毛澤東是個說幹就幹的人。有件事很能看出他的這種倔強性格：這年冬天，毛澤東和少中的幾位會員聚在陳愚生家裡，大家一邊用餐，一邊議論窮學生如何才能做到半工半讀。不大吱聲的毛澤東忽然插話說：「不要只是說，讓我來試一下！你們諸位把換洗的衣服都交給我來洗，無論大件小件，一個銅子一件，3天後交貨拿錢如何？」在座的面面相覷，不知如何應答才好。陳愚生的太太在旁笑道：「我才不交給你洗呢。你們這幫斯文書生，衣服怕是洗不乾淨呢！」王光祈見毛澤東露出尷尬之色，連忙解圍說：「你明天來拿我的衣服去洗罷，看你洗得乾淨不？」第二天，毛澤東果真拿王光祈的衣服去洗了一回。

1920年2月，毛澤東參觀了北京女子工讀互助團。他在當天即寫信給新民學會女會員、正在長沙周南女校任事的陶毅：「今日到女子工讀團，稻田（注：指湖南省立第一女子師範學校，因校址設在長沙古稻田，故又名長沙稻田女子師範學校）新來了四人，該團連前共八人，湖南占六人，其餘一韓人一蘇人，覺得很有趣味！但將來的成績怎樣，還要看他們的能力和道德力如何，也許終究失敗（男子組大概可說已經失敗了）。」（毛澤東，1990：464）

1920年3月14日，毛澤東給周世釗寫信，提出想在長沙「創造一種新的生活」，並構思了具體的實施方案：邀合同志，租一所房子，辦一個自修大學（這個名字是胡適之先生造的），在這個大學裡實行共產的生活。對於生活費用取得的方法和分配方

式，他曾設想：一是教課，二是投稿，三是編書，四是勞動。所得收入，完全公共。多得的人，補助少得的人，以夠消費為止。「這種組織，也可以叫做『工讀互助團』。」（信載《新民學會會員通信集》第1卷）

1920年4月11日，毛澤東離開北京去上海，打算和彭璜等人商量新民學會今後的會務。5月5日到達上海，住在哈同路民厚里29號（今安義路63號）。

在上海，毛澤東拜訪了陳獨秀。陳獨秀住在上海法租界嵩山路青誼里21號一棟磚木結構樓房裡，寓所分上下兩層，窗明几淨。這次，毛澤東跟陳獨秀談到自己準備回湖南組織一個「改造湖南聯盟」（類似工讀互助團）的計畫。陳獨秀認為工讀互助團不需養家，還利息，又不被資本家奪去剩餘價值，很看好這種組織。

早在此前的2月27日，陳獨秀、王光祈、戴季陶、彭璜、陳寶鍔、康白情、張國燾、劉清揚、沈定一、蕭子暲等20餘人召開上海工讀互助團籌備會。參加會議的大多是少年中國學會會員。籌備會先由彭璜報告宗旨，請大家討論辦法。康白情、劉清揚分別報告了北京、天津等地工讀互助團的進展情況。會議著重討論了有關工讀互助團的宗旨和辦法，並籌備在復旦、南洋公學等校附近建立上海工讀互助團。陳獨秀建議團員可以做印刷裝訂、種菜等工作，讀書可到復旦大學。

3月7日的上海《時事新報》和《申報》同時發表了「上海工讀互助團募捐啟」。這份啟事和北京工讀互助團募捐啟事有著相同的意旨：

　　現在中國的社會，是受教育的人不能做工，做工的人不能受教育。受教育的不做工，所以教育幾成一種造就流氓的東西；做工的不受教育，所以職業幾成一種造就奴隸的東西。

　　現在中國的學制，是求學的時代不能謀生活，謀生活的時代不能求學。求學的時代不謀生活，學問就變成形式的、機械的了；謀生活的時代不求學，學問就是不永續的、不進步的了。

　　像這樣看來，教育與職業是相衝突，生活與學問是相衝突，怎麼能算為合理的教育、正當的生活呢？

　　因為要想一個教育與職業合一、學問與生計合一的法子，就來發起這個工讀互助團，使上海一般有新思想的青年男女，可以解除舊社會、舊家庭種種經濟上意志上的束縛，而另外產生一種新生活新組織出來，以實行那半工半讀、互助協助的辦法。這要算是我們發起人的唯一宗旨。

　　但在開始籌備的時候，約需一千元的費用，若是贊成我們的宗旨，而願意幫助一般青年的人，希望能夠在經濟上贊助為感！

發起人　陳獨秀　　王光祈　　汪孟鄒　　姜濟寰
　　　　湯　松　　宗白華　　陳子綬　　陳寶諤
　　　　左舜生　　康白情　　張國燾　　塗開輿

1921年4月3日，羅亦農（中）、柯慶施（右）和周伯棣（左）在上海合影。他們都曾經是工讀互助團的成員。（圖片來源：中國共產黨第一次全國代表大會會址紀念館網httpwww.zgyd1921.comindex.aspx）

　　孔昭綬　　鄧峙冰　　劉清揚　　毛澤東
　　張百齡　　彭　璜　　蕭子暲　　李思安
　　成聖瑞　　曾翼聖　　曹揚籬　　陳　煦
　　周霽光　　齊鐵恍

　　史料上缺乏對上海工讀互助團詳細的記載，但我們從後來的一些回憶文章中，可以大致瞭解到當時的情形。如後來成為中國人民解放軍海軍司令員、大將、國防部長的肖勁光說：「到上海後，我和張子石同志一起參加了毛澤東等26人在上海發起的工讀互助團。工讀互助團的一個機關所在地就在俄文班樓上，劉少奇同志就是我們這個組的負責人之一。」（全國政協文史資料研究委員會，1980：6）

　　另外，有材料提到，參加上海工讀互助團的還有柯慶施、汪壽華等。柯慶施當時叫柯怪君，後來當上了中共中央政治局委員、國務院副總理、中共上海第一書記、上海市市長。柯慶施深得毛澤東的寵信，甚至有一種說法，稱毛澤東曾一度想讓柯慶施取代周恩來的總理位置。汪壽華出生於鄉村舊知識份子家庭。1917年秋，考入杭州浙江省立第一師範學校。「五四」運動時期，參加了杭州學聯的聲援活動。1920年2月，積極投入維護新文化運動的「浙一師風潮」。2月，赴上海參加工讀互助團。9月，入上海外國語學社學習俄文，並參加了上海社會主義青年團。1921年4月赴蘇聯學習，期間加入了中國共產黨。1925年由蘇返滬，任上海總工會代理委員長、中共江浙區黨委。「4‧12」反革命政變中被蔣介石唆使杜月笙秘密殺害，成為反革命政變中犧牲的第一位烈士。

汪壽華（1901-1927），浙江諸暨人。
五四期間曾參與浙江一師的學潮。
1920年2月參加上海工讀互助團。後
加入中國共產黨。1927年4月在「四·
一二」反革命政變中遇害犧牲。（圖
片來源：百度百科）

　　上海工讀互助團成員後來大多加入了中國共產主義青年團。
關於這段史實，唐寶林在其《中國社會主義青年團創建史實》一
文中有較清晰的描述：

　　　1920年5月以後，陳獨秀、李漢俊、陳望道、李達、施存
　　統、俞秀松、沈玄廬等人在第三國際遠東局代表威經斯基
　　的幫助下，在上海《新青年》雜誌社，經過多次醞釀，成
　　立了中國第一個「共產黨」組織，作為籌建中國共產黨的
　　發起組，當時的名稱就叫「共產黨」。它除了出版《新青
　　年》、《共產黨》雜誌，宣傳馬克思主義，指導各地建
　　黨，開展工人運動以外，一項重要的工作，就是領導青年
　　運動，組織社會主義青年團。因為五四運動以後，許多青
　　年由於反對腐敗的軍閥統治和封建禮教的束縛，離開了學
　　校和家庭，來到當時新文化運動的中心《新青年》雜誌
　　社，尋找出路。陳獨秀等發起組的同志們熱忱地接待他
　　們，安置他們，並委派發起組中最年輕的成員俞秀松和張
　　太雷，於1920年8月，在這些青年中建立了社會主義青年
　　團，當時簡稱「S·Y·（英文「社會主義青年團」的縮
　　寫）。俞秀松任書記，主持團務。最初只有八名團員，後
　　來在「工讀互助團」中積極發展，不到一個月，就達到30

多名。劉少奇、羅亦農（羅覺），任弼時、肖勁光、柯慶施（柯怪君）、賀昌、許之楨、傅大慶、梁百達、王一飛等人都是最早的團員。此外，上海黨的發起組成員也都加入了青年團，他們除了個別人（如陳獨秀）外，絕大多數也是20來歲的青年。（唐寶林，1980）

　　1920年5月，毛澤東和彭璜、張文亮幾個人在民厚南里租了幾間房子，實驗過互助工讀團的生活。他們共同做工，共同讀書，有飯同吃，有衣同穿。毛澤東擔任洗衣服和送報紙的工作。但這種團體生活很難維持，正如彭璜所言：「這種『無組織』的組織（自由的同志的組織），倒也發見些困難——仍是找工作的困難（讀的方面已不成問題）。湖南人要做上海的工，多少有些不方便啊。」（《彭瑛覆岳僧的信》，《時事新報》1920-6-8）6月7日，毛澤東寫信告訴北京的黎錦熙：「工讀團殊無把握，決將發起者停止。」（毛澤東，1990：478）作為發起人之一的彭璜痛心疾首地表示：「上海的工讀團的失敗，就是我組織的失敗，我組織失敗的罪惡。我個人的失敗還不要緊，怎能對得起陳先生、王先生等提倡工讀主義的熱心。」（張允侯，1979[2]：455）

　　在上海，比較有影響的還有袁達時、羅亦農等人組織的滬濱工讀互助團。袁達時出生在1901年，羅亦農則比他小1歲。1916年，兩人十四、五歲的時候，一起考進了縣城裡一所美國教會辦的學校——湘潭益智學校。這個學校雖然也教授英語和一些科學基礎知識，但主要安排學習基督教神學的課程，並且要做禱告和禮拜。他倆厭煩這種教育，經常跑到校外去參加社會活動。1918年，袁達時進了長沙船山學校，羅亦農則因為父親反對他外出求學而滯留家中。

羅亦農（1902-1928），湖南湘潭人。
1921年赴莫斯科東方大學學習，同年
加入中國共產黨。1925年回國後任中
共廣東區委宣傳部部長、江浙區委書
記，參與領導五卅運動、省港大罷工
和上海工人三次武裝起義。1927年後
任中共中央長江局書記、臨時中央政
治局常委、中央組織局主任。1928年
在上海被捕遇害。（圖片來源：百度
百科）

　　1919年五四運動爆發，羅亦農不顧家人阻攔跑到長沙找到袁
達時，一起在船山學校辦起了一所平民半日學校，讓那些讀不起
書的人來聽課，學文化。在船山學校，袁達時和羅亦農又結交了
兩個志同道合的同學卜士奇和吳芳。1920年初的一天，具有新思
想的船山學校校長賀民范把4人叫到校長辦公室，告訴他們說，
陳獨秀、王光祈等人在北京發起成立了一個工讀互助團，建議他
們去參加，並願意提供資助。4人聽後很感振奮，立即赴京。當
他們興沖沖地找到王光祈時，得到的卻是工讀互助團已經解散了
的消息。不過，他們又聽說陳獨秀去了上海，正在那裡籌備成立
上海工讀互助團。於是，4個年輕人又興沖沖地奔往上海。

　　在上海老漁陽里六號，他們找到了陳獨秀。陳獨秀介紹說，
上海工讀互助團這年2月份開始籌備，具體籌辦的幾個人都是從
湖南來的，有毛澤東、彭璜、蕭子暲等。陳獨秀所說的這幾個湖
南青年，袁達時、羅亦農他們在長沙接觸過，一聽非常高興。於
是，他們按照陳獨秀提供的地址，在哈同路民厚南里二十九號的
弄堂裡，見到了毛澤東和彭璜。不料，毛、彭二人經過一段時間
的實驗之後，已經得出了工讀互助不能解決中國社會的出路問
題，而需要另外尋找改造社會的道路的結論。他們還給袁達時、
羅亦農等4人提建議說，不要再嘗試做這件事了。

袁達時，1901年生，湖南湘潭人。又名袁正道、袁實篤等。1921年加入中國社會主義青年團，1922年初轉為中共黨員。1920年到上海勤工儉學。1921年赴蘇俄入莫斯科共產主義勞動大學學習。1922年8月回國後，歷任中國勞動組合書記部上海分部主任、全國總工會執委會組織部部長、全國鐵路總工會組織部主任、中共江蘇省委組織部部長、中共湖南省委組織部部長等職。1928年6月被捕叛變。此後情況不詳。他和羅亦農是劉少奇的入黨介紹人。（圖片來源：百度百科）

　　袁達時並不認同毛、彭二人的看法，他認為京滬兩地工讀互助團難以為繼的原因有所不同，北京工讀互助團夭折，主要是經濟困難，這種困難在上海是不存在的。他還認為毛、彭不成功的主要問題是方式問題。他們的《簡章》規定，凡入團的人不用交費用，加入以後也可以自由退團，這就太過鬆散，攏不住人。如果入團的人心齊的話，在上海這樣經濟發達的地方，辦得好的話可以使團體擴充，即便辦得不好也不至於短期就破產。其他3人都同意這一看法，並叫他率頭做工讀互助這件事。就這樣，這4個湖南青年經過一番醞釀籌畫，於1920年6月在法租界的貝勒路吳興里16號租了一間房子，正式開始了工讀互助生活。為了和毛、彭的上海工讀互助團相區別，他們給自己的這個團體起名叫「滬濱工讀互助團」。

　　7月3日，上海的《時事新報》和《救國日報》同時刊登了他們的《滬濱工讀互助團發組言》和《簡章》。之後吳溶滄等人參加進來，成員擴充到了10個人。袁達時在興奮之餘，為了擴大影響，以「袁實篤」為筆名，寫了一篇長文《滬濱工讀團進行計畫的個人主張》，連載在7月22日和23日的《時事新報》上。在這篇文章中，他為工讀互助描繪了一個美好的願景，認為「可以由工讀團達到很大的新村，由新村達到大同的世界」。文章登出

後，又有幾位學生加入，團員發展到了14人。

1920年8月，陳獨秀領導建立了社會主義青年團（即後來中國共產主義青年團的前身），簡稱為C.Y.。社會主義青年團剛一成立，袁達時、羅亦農等滬濱工讀互助團中的8個青年即集體參加，是最早加入C.Y.的團員。

滬濱工讀互助團成員一方面分別在復旦大學、南洋專門醫學校、華法教育會夜校、外國語學社等校聽課，並通過陳獨秀的介紹擔任教員、校對等工作；另一方面又積極籌畫自辦織襪廠和擴大團體。一些團員曾在中俄通訊社工作和進外國語學社學習。但是，他們和北京工讀互助團一樣，很快遇到了自己無法克服的經濟困難，終於在1921年2月宣佈解散。

我們從後來發現的吳溶滄寫給請求加入工讀互助團的施勝人（施榮慶）的書信中，可以瞭解到滬濱工讀互助團的一些情況（見http://blog.sina.com.cn/s/blog_593bd54b0100rjwz.html）：

> 勝人：
>
> 　　你要加入敝團，你在前並沒有寫信給團體發表你底意見，你只與私人通得信；敝團並沒寫信允你加入團體，你何以現在就說你「即可來滬」的話呢？還有一層意思，你不能來加入敝團的，就是敝團底工廠還未成立，現在要在此地覓得一種相當的工作是很難的。你如果加入了，對於你個人底生活將何以設法呢？並祝你底進步！
>
> 　　滬濱工讀互助團啟
>
> 　　十三號（1920年12月13日）
>
> 　　（收信地址：杭州城站新開街水竹寄宿舍施勝人先生）

> 勝人：
>
> 　　來信接到了，我這幾天受了外界的攻擊！煩悶的很！

所以你從前給我和實篤那封信，隔了好幾天，才回把你幾句草率的話，抱歉的很！望你原諒。

我要脫離團體的原因，說起來很長！我實在沒功夫說！也請原諒！不過大略的可以同你談幾句：

工讀互助團裡底團員，在我底眼光看起來，都沒有徹底覺悟的！所以我就不滿意他們了！

（1）他們受人家底支配！但是他們自己不曉得，反以為得意！真是抱恨的很！（2）前幾天夜裡，我同一個團員大鬧！這事說起來很長！現在說我錯的有；說我不錯的也有；不過我自己底良心是過得去的！所以我現在人家罵我，議論我，懷疑我，……我都不管！只是認著真理做去！現在攻擊我很烈害的是那位新文化學者陳獨秀先生，哎！這位先生真是可憐！他說我是「無政府黨，就是亂黨！破壞『工讀互助團』……」這許多話來罵我！真是莫名其妙！他為什麼要罵我呢？因為他是想利用許多團員的，我卻極力反對！所以他看我就是他底仇敵！怪不得要罵我哩！我出團之後不得了！有兩個團員也一起出團，比較上這兩人稍微好點！現在團裡只有五個人了，團務仍是進行的。

現在我另外租房子住了；你要和我通信的話，請寄「上海法界霞飛路新漁陽里六號外國語學社溶滄」，這不是我的住址，不過你寄信這裡來，我終可以收到的。

我現在除自修外，沒有旁的事，我對於經濟問題，也是很困難的！現在受各處底朋友幫助，還能勉強過去！

你底景況，我是都嘗過得！現在我很替你擔憂！我終希望你拿奮鬥的精神過生活罷。回到家裡這一層，是不好意思；不過到沒法子的時候，也是不要緊的！我們只要對得起良心就是了！

不多談了！再談罷！望你時常和我通信！祝你健康！

溶滄

　　　　　　　　　　　　　　十二月十夜

勝人：

　　哎！你誤會我底話了！我說「……不與聞」這句話，不是以為你所做的事不好；只是我以為個人有個人底主張，「可以不可以」的主權，不能人家操就的！你有錯誤，我當然直說；我有錯誤，也希望你能督責我！說話當然要直爽！我是很歡喜直爽的，我自己也實行說話直爽的！我前天看你底來信，我以（為）榮慶是另外一個人，現在才曉得就是你！這沒有什麼對不起！我到什麼地方？現在還沒有一定。

　　我寄到杭州去的信，到今天還沒有回轉來，請你寫信到杭州去拿罷！你假使經濟問題能夠解決，能夠生活的話，到上海來也好！

　　　　　　　　　　　　　　溶滄

　　　　　　　　　　　　　（1920年12月23日夜）

上海滬濱工讀互助團成員吳溶滄寫給請求入團的施勝人的信函。（圖片來源：柳哲博客httpblog.sina.com.cnsblog_593bd54b0100rjwz.html）

　　從吳溶滄的信中可以看出滬濱工讀互助者內部存在矛盾，且夾雜著一種悲觀的情緒。和北京工讀互助團一樣，上海工讀互助團也很快失敗了。

五、曦園和利群書社

在北京工讀互助團成立之前的1919年暑假，鄧中夏與羅章龍、易克嶷、楊東蓴、馬非百等十幾位同學發起的一個類似「共產主義」的小團體。接著張國燾等人參加進來。他們在黃城根達教胡同2號一個租來的大院裡住下來。鄧中夏給公寓起名叫「曦園」，意思是這個組織的成員像晨曦一樣充滿朝氣。

這是一個倡議並實行泛勞動與自由研究的學生團體。鄧中夏、張國燾、羅章龍三人都是北大學生，鄧中夏就讀於文學院二年級，張國燾就讀於理學院二年級，羅章龍則是預科德文班學生。當年毛澤東在湖南一師讀書時以「二十八畫生」為筆名貼出「徵友啟事」，第一個回應的就是羅章龍。1918年，毛澤東率20多位湖南青年前往北京，準備赴法勤工儉學，他也在其中。這批青年大部分進入北京的留法預備班，羅章龍則進了北大預科德文班。後來，鄧中夏、張國燾、羅章龍都成了北京共產主義小組成員。

曦園提倡泛勞動主義，主張不勞者不得食，著重強調學生應躬行實踐，切忌誇誇其談。他們訂立的公約中規定，成員務必親

鄧中夏（1894-1933），湖南宜章人。1917年入北京大學學習，五四運動時是北京學聯的領導人之一。後加入中國共產黨，成為著名工人運動領袖。曾任全國總工會宣傳部長、中共江蘇省委和廣東省委書記、中央政治局候補委員等職。1933年5月在上海被捕，9月在南京就義。（圖片來源：百度百科）

身參加園內勞動，如輪流燒飯、做菜、洗衣、挑水、掃地等，一律不得雇用僕役。食堂伙食費按各人經濟能力自願負擔，過互助生活。生活力求儉樸，嚴格實行三不——不做官、不納妾、不狎妓。在曦園，每個成員都積極參加學術活動。學術活動分為自然科學與人文科學兩大範疇，集體購置和閱讀圖書報刊，由各人認定專題研究，堅持自學。曦園於1920年解散。

張國燾回憶說：「這是一個學生公寓式的新生活團體，出自於無政府主義者『新村』的思想，以互助學習、共同生活、親身勞動（包括自己燒飯等等）為宗旨。」（張國燾，1980[1]：66）

北京工讀互助團成立後，王光祈寫信給武漢的惲代英，希望他組織一個類似的組織。1920年春夏，惲代英參觀北京工讀互助團之後，將「互助」、「日新」、「健學」諸社的骨幹聯合而為利群書社。利群書社在武昌橫街頭18號成立，成為傳播新文化和試驗共同生活的基地。書社最初成員為惲代英、林育南、沈志耀、廖煥星、鄭遵芳（鄭南宣）、鄭興煥、劉世昌、魏君謨（魏以新）、胡競成、李伯剛、蕭鴻舉（蕭雲鵠）和余家菊等12人。不久，林毓英（張浩）、蕭楚女、李求實、陸沉（盧斌）先後加入。1920年1日，毛澤東率驅張（敬堯）代表赴京途經武漢，曾暫住利群書社，與惲代英相互交流創辦書社的經驗。惲代英在致王光祈的信上說：「利群書社是與工讀互助團性質相近的東西。」（信載《少年中國》第2卷第12期）

張國燾（1897-1979），江西萍鄉人。1916年入北京大學理科院，是積極活躍的學生領袖。1921年參加中共一大，成為中國共產黨早期領導人之一。1938年叛變，被開除黨籍。1979年死於加拿大多倫多老人院。（圖片來源：互動百科）

惲代英（1895-1931），原籍江蘇武進人，生於湖北武昌。中華大學畢業。學生時代積極參加革命活動，是武漢地區五四運動主要領導人之一。1920年創辦利群書社。1921年加入中國共產黨。1923年任上海大學教授。同年8月被選為中國社會主義青年團中央委員、宣傳部部長，創辦和主編《中國青年》。黃埔軍校第四期政治總教官。1927年中國共產黨第五次全國代表大會上，他當選為中央委員。同年先後參加南昌起義和廣州起義。1931年因叛徒出賣被捕就義。（圖片來源：百度百科）

利群書社是在互助社等小團體的基礎上組織起來的。互助社成立於1917年10月8日，是五四運動前武漢地區出現最早並有過較大影響的進步社團。惲代英是這個社的發起人和組織者。互助社以「群策群力自助助人」為宗旨，社員們都很注重個人品格修養，並制訂了互相督促砥礪品行的條文和戒約，每日開會一次，各人在會上就一日的表現進行檢查，大家相互開展批評。互助社最初只有4名社員，一年間發展到5組19人。在互助社的幫助和影響下，武昌地區又先後成立了一些同類性質的小團體。其中有些人同時參加了幾個社，如惲代英既是互助社的成員，又是健學會的成員；林育南除參加互助社外，還參加了健學會、日新社和誠社，這樣就使各團體間的聯繫極為密切。後來，大家都感到有實行一種獨立自給的共同生活，為改造社會創造條件的需要，於是組織了利群書社。

1920年10月出版的《互助》第1期上的《利群書社》一文，對利群書社的成立始末有詳細介紹，稱「利群書社是一個營業的機關，是一個文化運動的場所，是一個修養會社的結晶體，是一個社會服務的共同生活的雛形」。其中講到：

> 互助社的社員，在民國七年上季，社務進行極圓滿，社員彼此很相互瞭解，無形之中似覺成了一個特殊的關係。新聲社成立以後，他們漸有共同生活的感想。到周作人先生

等鼓吹新村的時候，在《新聲》上毓蘭便有一篇文，名字叫做《新生活計畫》，這才把共同生活形之筆墨。接著代英又就他這文加以商榷。那時的意思，所謂新生活，便只主張從比較瞭解的人、由輕而易舉的辦法辦起。不過那時候是想在鄉間適當地方組織個自給共產的新生活，沒有想在城市中怎樣做。接著北京工讀互助團發起了，王光祈便寫信給家菊、代英，盼望武昌有個同樣的事業。在這信未到之前，家菊、代英、光耀便對於這件事有一度商議。起始的時候，想組織一個書店，供給六個工讀同志的伙食。那時家菊、代英已有辭學校職務的心思，亦想自己加入。這樣個成議，延捱了許久，沒有實現。原來那個新生活的精神，又攪了許多進來，結果在九年一月，遂發了《共同生活的社會服務》那一篇宣言。因為事實上的便利，亦決定不用北京工讀互助團辦法，只注意練習職業生活，練習共同生活，非必不得已的同志，書社不為代任伙食。這樣，便形成了今天這樣的利群書社。

1920年1月發表的《共同生活的社會服務》，亦即利群書社成立宣言。宣言中稱組織利群書社就是為了「有一個實驗各盡所能、各取所需的生活機會」；「有一個推行工學互助主義的好根基」；「有一個為社會興辦各項有益事業的大本營」。

惲代英在致宗白華的信上表示：「我是一個很信得過『共同生活』的利益的人。我信私有制度必須徹頭徹尾的打破。」（惲代英，1984：124）他還說，目前的利群書社「不過是一個小書店，而且亦還配不上說甚麼高遠的主義與理想。不過我信這究竟總是我們新生活的起點，一個平和的改造運動的起點。」（（惲代英，1984：124）

六、匡互生和工學會的實踐

　　1920年前後，全國各地的一些城市都有類似北京工讀互助團這樣的組織。如覺悟社會員諶志篤組織的天津工讀印刷社、南京師範學校工讀互助團、廣東女子工讀互助團、揚州第八中學工讀互助團等。而較早成立且有影響的工讀互助組織則是北京的工學會。

　　工學會是北京高等師範學校一些在校學生和畢業生於1919年2月9日組織起來的工讀主義（當時也稱之為工學主義）團體。它由此前成立的同言社發展而來。

　　同言社成立於1918年下半年，組織者為北京高師學生匡互生、周為群、楊明軒、劉熏宇等，他們對外以練習講演為會，實際上從事反對日本侵略的救亡活動。後來在五四新思潮的影響下，匡互生、周予同、劉熏宇等人又組織了工學會。工學會一方面保持同言社的救亡精神，在五四愛國運動中，工學會是事先討論決定發動遊行示威的重要團體之一。另一方面，工學會在五四前後逐漸接受工讀主義，又發展成為主張以工讀主義改造社會的團體。它的成員們認為做工和求學是人生兩件大事，缺一不可，希望通過工學結合、勞力與勞心的結合，實現亦工亦學，沒有剝

匡互生（1891-1933），湖南邵陽人。五四運動中，他參與組織和領導遊行，並首先跳入曹汝霖住宅，導演了著名的「火燒趙家樓」事件。他領導的工學會是五四時期具有較大影響的工讀互助組織，對現代教育產生了深遠影響。（圖片來源：維基百科）

削、沒有壓迫，自由、平等的「工學」社會。

　　1919年底，工學會建立了實驗工學主義的組織，準備從實驗入手，建立工學主義的新組織新生活。他們曾設想每週授課24小時，做工24小時，自修12小時，其餘時間閱讀書報、交際、娛樂。除已成立的石印、照相、打字、雕刻組以外，又成立了木板印刷、書報販賣等組，並提出實行「各盡所能，各盡所需」。參加實驗的會員不限班部年級，自選學科學習。但由於他們的計畫與學校規章制度不合，故工讀計畫很難落實。販賣部由會員輪流值日，木刻、石印之類工作並無定時，由會員自由去做。由於技術不熟練，生產效率低下。如石印組，市面上的石印局1小時能印70張，他們只能印40張。其他各組也一樣，工作往往事倍功半。工學會雖然提出過「各盡所能，各取所需」的口號，但實際上只是通過勤工儉學的方式給會員增加一點補助及充當會費。他們仍然以學校設置的課程為主，而在課外組織一些學習和研究，並創辦《工學》月刊，討論和宣傳工學主義。

　　《工學》月刊創刊於1919年11月。發刊辭上寫道：「實行工學主義，一面作工，一面求學，認求學必作工，以作工為求學，實行『勞動主義』，實行新組織，共同生活。」發表的作品反映了五四時期進步青年對未來理想社會的嚮往和追求。如第1卷第1號上題為《可愛的你》的一首小詩寫道：

　　　終久有一天，
　　　拼了靈魂，
　　　趁了理性的光，
　　　愛你想你的人，
　　　隨著可愛的人，
　　　走進了「烏托邦」，
　　　那是真的家鄉。

　　工學會雖然在主張上和後來的工讀互助團差不多，但在實踐上遠沒有後者激進。而且，工學會成員中有不少人信奉資產階級改良主義。另外，工學會還和北京高等師範學校的重要社團平民教育社的思想和活動互有聯繫，他們曾創辦平民學校，從事平民教育運動。

　　工學會會員離校後大多從事教育和文化事業。匡互生1919年夏畢業後回到長沙楚怡學校教書，後任湖南第一師範學校教務主任，參加過新民學會的文化書社的工作。

　　匡互生為了實現他的工讀理想，效法當時風行的新村運動，約了幾個朋友先後在杭州上牽埠、宜興凌家塘進行新村運動的實驗，實行半工半讀，但因經濟困難而中止。此後，匡互生先後任教於上海吳淞中國公學和浙江上虞的春暉中學，由於學校當局的阻礙，匡互生提倡的教改計畫受阻。1925年1月，匡互生和豐子愷、朱自清等憤然離開春暉中學。

這是工學會辦的《工學》月刊。該刊發刊辭上寫道：「實行工學主義，一面作工，一面求學，認求學必作工，以作工為求學，實行『勞動主義』，實行新組織，共同生活。」（圖片來源：《五四時期期刊介紹》）

　　1925年3月，匡互生與朱光潛、豐子愷、劉熏宇等人來到上海，在江灣鎮附近租到一塊荒地籌建校舍，取名「立達學園」，作為教改的基地。1928年春，匡互生在學園後面的空地增設了立達農場，並從美國引進優良雞種和蜜蜂良種，從事養雞、養蜂、種植蔬菜與果木，供全體師生勞動實踐。1929年，匡互生又開辦農村教育科，分設養雞、養蜂和園藝三個專業，培養農村教育人才。1930年，農教科從江灣遷到南翔柴塘農村，實行半農半讀，成立工學社。工學社不同於一般的勤工儉學組織，它把學校生活當作是一種社會生活。工學社不請雇工，全由學生自己動手，學生除學習外還做一些社會工作。如工學社附設立達小學，招收附近農村的學齡兒童入學，設農友問病處為農民治病，並辦農民夜校和婦女識字班，有時還請農民來校指導學生種植。

　　匡互生認為當時的中等教育過於空洞貧乏，於是他又提出了「生產教育」的思想，希望通過生產教育來改造農村、改造社會。他認為，實行生產教育可以使學生把書本知識與社會實際緊密相連，通過生產實踐可鍛煉學生刻苦耐勞的性格，進而領會人類生活的意義；可使學生接近廣大勞動人民，理解當時中國農村現實，使之為投身改造社會特別是農村作準備。1929年，匡互生在立達增設農村教育科，提倡生產教育。立達農場成立之初只設一位管理人員。匡互生親自帶領師生勞動，他說：「人類最高貴的一點靈光就是排除一切障礙而求實現理想的一種毅力，這種毅力用刻苦耐勞去培養。我們立達的師生，一方面要極力過簡樸的生活，使精神不易為物質欲所屈服，一方面要實行勞動，每日費若干時間，到工廠農場去做工。」匡互生極力想把本科教育辦得更趨重實際，而把每一位學生培養成能耕田、能讀書、能為農村服務的新農夫。在這種理念下，學生通過生產勞動，既得到了品德修養，培養了勞動觀念，學到了科學知識和生產技能，又改善了日常生活。因為農場的全部收入由工學會上報校務委員會，除

留下一部分做再生產資金外，其餘的用來補貼學生學雜費及改善伙食之用，這就得使許多經濟困難的學生能安心學習。匡互生的生產教育思想培養了一大批有農村生產知識的人才，而立達農教科的畢業生在他人格教育思想的薰陶下大都紮根農村，為農村教育及農業技術發展而不斷努力。曾經有位學生向匡互生建議「包產到人」，匡互生一邊澆菜一邊告訴他：「我們要共同勞動，要互助合作，這樣我們才能種出更多的菜來。」他曾多次對學生說，蜜蜂的集體生活是互助合作，是友愛團結，每個個體都對集體竭盡自己的職責和力量。

正當學園辦得興旺之時，「一‧二八淞滬戰爭」爆發，江灣、南翔兩地校舍先後毀於戰火。匡互生不顧身患腸癌，忙於復校，未及時醫治。1933年4月22日病逝於上海，終年42歲。葬於立達學園農場。

七、工讀互助組先後解散

　　建立在脆弱的經濟基礎之上的北京工讀互助團，最終沒能成為中國的「娜拉」們的庇護所。工讀互助運動只是曇花一現，很快宣告失敗。其他地方的工讀互助組織也沒有逃脫相同的厄運。

　　北京工讀互助團最先垮掉的是共產步子邁得最快的第一組。1920年1月20日，《新青年》刊載了15名成員名單，然而，僅僅兩天後，《晨報》發表的一則報告寫道，「家斌、周方二人，現已出團，故不列入」。也許這兩人只是出於好奇而報名，一看陣勢不對便立馬退了團。這一組的成員家境並不差，甚至還有官員子女，他們多不是因為經濟壓力，而是為了一種新的團體生活的理想而來。但馬上第一組還是遇到「共產風波」：《工讀互助團簡章》明文規定各人勞動收入歸公，可是，入團之後，一些成員收到的家裡匯款該不該歸公呢？爭論的結果是，大部分成員決議共產；而主張與此不合，自願退團者也有5人。由此又引發「脫離家庭」風波：為此退團者又有3人。這樣前後就有10人退團了，但另外又有6人先後加入，總計還有11人。

　　這時，這個小團體通過自由自願的篩選，終於達到了一種相當的思想一致。一個異常激進、近乎「全體一致」的團體形成了。當時的一個參與者施存統後來回憶說，「這幾個問題解決後，精神上很有幾天愉快。我們那時以為，我們的無政府、無強權、無法律、無宗教、無家庭、無婚姻的理想社會，在團裡總算實現一部分了，所以精神上非常快樂。」

　　但很快出現了感情問題：易群先是國會議員易簀龍之女，因反對父親的婚姻安排，參加了工讀互助團。她漂亮、活潑、大膽，「差不多每個團員都喜歡她」。有一天，易群先告訴施存統，她與何孟雄自由戀愛了。施存統雖然也追求過易群先，聞聽

此言，表面上很大度，但幾天後數名成員連夜開會，懷著妒恨的心理逼迫何孟雄承認錯誤；一怒之下，易群先遠走天津。這麼一來，事情愈演愈烈，那幾名成員決議驅逐何孟雄、施存統等。「易群先事件」成了團員分裂的導火索。

　　一直存在的還有經濟問題。經濟狀況不好，且不說騰不出時間來兼顧讀書求學，甚至連自食其力都有困難。在經濟上，第一組應該說一開始還是得天獨厚的，它支取了開辦費523元大洋，有電影、洗衣、印刷、食堂、英算專修館五方面的營業。但是，在北京各高校放電影，開始同學還捧場，後來就難以為繼了。洗衣服收不上衣物，出錢請工友去收，反被工友利用來作為向洗衣局要求漲錢的砝碼。辦食堂決策有誤，經營不善，後來連工作人員吃飯都成問題。石印也不來錢，倒是和今天家教類似的「英算館」相對掙錢，但也不足以維持全組生計，在「萬難支持」、無法維持生活的情況下，工讀互助團第一組解散了，只維持了兩個多月。

　　1920年3月23日，第一組開了個會，宣佈解散，決定各人自由另找工作。其他各組也先後解散。堅持最長的女子工讀互助組也在這年年底停止活動。

　　上海滬濱工讀互助團自成立後，從事教書、書記、校對等工作，但工資太少，半天的勞動維持不了生計。後來又辦線襪廠，但沒有資本，借貸時又到處吃閉門羹。1921年2月只好宣佈解散。他們在《解散宣言》中說：該團「共計團員十四人，為時六個月。這六個月中，極見得團體發展一步，經濟緊急一步；團體存在一天，經濟困難一天。由經濟緊急而經濟困難，由經濟困難而經濟窮絕，以致於團體不得不解散。」「所以『工讀互助』的團體實難存在於今日的社會裡面，而更見難存在於經濟會樞的地方。失學青年固不可依賴於家庭，更難靠求助於社會。換言之，資本制度不打破，工讀互助團決沒有存在的餘地。」（見《時事

新報》1921-2-3）

　　北京工讀互助團即將解散之際，俞秀松在給駱致襄的信中說：「我們這個團，現在生活非常難以維持，因為現在社會制度下面，想拿半天勞工所得的工資，萬難維持全天的生活費。」他還在信上表示：「我此後不想做個學問家（這是我本來的志願），情願做個『舉世唾罵』的革命家！」

　　1932年3月27日，俞秀松前往上海，經沈定一介紹到《星期評論》雜誌社工作。不久，他和施存統等人加入了上海共產主義小組。8月，陳獨秀指派他擔任中國社會主義青年團第一任書記。1921年赴莫斯科出席少共國際第二次代表大會。同年回國後，任青年團中央執行委員、中共上海區委執行委員。1925年10月再赴蘇聯，先後在莫斯科中山大學和列寧學院學習。1925年，化名王壽成的俞秀松被蘇共中央派到新疆從事統戰工作，任反帝總會秘書長、新疆學院院長。1937年12月，俞秀松被王明、康生誣為託派，借盛世才之手逮捕。1938年6月被押送蘇聯，同年被害。建國後被追認為革命烈士。

　　1920年3月，何孟雄在認真總結工讀互助團第一組失敗教訓的基礎上，認識到社會的經濟組織不徹底改造，要實現對社會的改造是不可能的。隨後他參加了李大釗主持的「北京大學馬克思主義學說研究會」。

俞秀松和夫人安志潔。1937年，經史達林親自批准，37歲的俞秀松與「新疆王」盛世才的胞妹、16歲的盛世同（後改名安志潔）結婚。盛世才送的賀禮是兩大箱馬恩列斯著作及王明的小冊子。（圖片來源：俞秀松紀念館httpwww.zjgqt.cnyxs）

　　1920年5月1日早晨，北大一部分學生和工友，在二院大禮堂開勞動紀念會，會議由李大釗主持。8時許，何孟雄率領8名工讀互助團團員分乘兩輛汽車，車上飄揚著寫有「勞工神聖」和「資本家的末日」的口號的白布紅字旗幟，由北大出發分頭赴東、西城遊行，沿途不斷高呼口號，散發傳單。所乘汽車行至菜市口，被北洋政府早已佈防的外右三區巡警攔阻，汽車被扣，何孟雄及車上其他人被捕入獄。第二天，何孟雄在審訊中義正辭嚴地申明自己的做法完全是為喚醒社會的救國行動。17日，經李大釗等設法營救，何孟雄及參加「五一」遊行的全體被捕學生獲釋。

　　是年11月，在北京共產主義小組領導下，北京社會主義青年團成立，何孟雄、高尚德（君宇）、鄧中夏、羅章龍、劉仁靜、繆伯英、黃日葵等40人成為首批團員。第二年，何孟雄和繆伯英結為夫妻。同月，他們倆參加了北京共產主義小組。

　　1921年，何孟雄加入中國共產黨，任中共北京地方委員會書記。1922年領導京綏鐵路車務工人罷工。後任中共湖北省委組織部長、中共江蘇省委委員、省委農民部秘書和上海滬西、滬中、滬東區委書記等職。1931年1月，由於叛徒出賣被捕，2月7日被殺害於上海龍華。

　　繆伯英是中共最早的女黨員，曾擔任中共北方區委婦女部長等職，1929年4月病逝於上海。

　　施存統於1920年加入上海共產主義小組，參與成立馬克思主義研究會。1922年當選為團中央書記。1924-1926年在上海大學任教。後在中山大學、黃埔軍校、廣州農民運動講習所講授政治經濟學。1927年任武昌中央軍事政治學校教官、政治部主任。大革命失敗後脫離中國共產黨。後從事馬克思主義和革命理論的著譯工作，並歷任上海大陸大學教授、廣西大學教授。抗戰期間，為文化界救國會領導人之一，並與黃炎培、章乃器等組織民主建國會。1949年當選為第一屆全國政協常委。後任勞動部副

部長、全國人大常委、民建中央常委和副主席。1970年11月病逝於北京。

　　黃愛於北京工讀互助團解散後，回到湖南從事工人運動，與龐人銓發起組織湖南勞工會，先後任勞工會教育部主任、書記部委員。這期間與毛澤東相識，並在他的影響下放棄了無政府主義思想。1921年，黃愛加入中國社會主義青年團。1922年1月16日被湖南軍閥趙恆惕逮捕，次日與龐人銓同時被害於長沙瀏陽門外。

　　陳公培於1920年赴法勤工儉學。1921年加入巴黎共產主義小組。後因參加佔領里昂中法大學事件被押送回國。1924年入黃埔軍校第二期，曾參加兩次東征戰役和北伐戰爭。1927年參加南昌起義。大革命失敗後脫黨，並投奔閩系軍閥，為陳銘樞幕僚。1933年參加十九路軍發起的福建事變，代表十九路軍與紅軍聯絡談判。建國後任中央人民政府政務院參事，全國政協委員。1968年病逝。

　　北京工讀互助團解散後，也有的團員從此潛心於學術。如與俞秀松、施存統一起來北京的周伯棣赴日本留學，畢業於大阪商科大學，回國後曾任中華書局編輯、中山大學、交通大學教授及廣西大學教授。建國後任復旦大學及上海財經學院教授、上海社會科學院研究員。1982年逝世。

八、他們這樣看待失敗

　　北京工讀互助團第一組解散後，陸續有人發表文章總結失敗的教訓。《新青年》7卷5號（1920年4月1日）上有一組探討工讀互助團失敗的文章，可以看出這些人對此事的認識。

　　我們先來聽聽胡適的批評。胡適曾極力抵制周作人宣傳的新村運動，他對烏托邦組織從來都是持反對的態度。他列名北京工讀互助團發起人之一，並積極募捐，是希望通過勤工儉學的方式使窮學生達到求學的目的，不曾想工讀互助團變成了一個實驗烏托邦的組織。他不滿地表示：「照我個人的愚見看來，我們在北京發起的工讀互助團的計畫，實在是太草率了，太不切事實了。」「北京工讀互助團的計畫的根本大錯就在於不忠於『工讀』兩個字。發起人之中，有幾個人的目的並不注重工讀，他們的眼光射在『新生活』和『新組織』上。」他說的這幾個人，自然包括王光祈在內。

　　這位留洋回來的博士甚至揶揄道：「新生活和新組織也許都是很該提倡的東西，但是我很誠懇的希望我的朋友們不要借『工讀主義』來提倡新生活、新組織。工讀主義只不過是靠自己的工作去換一點教育經費，是一件極平常的事，──美國至少有幾萬人做這事──算不得什麼『了不得』的新生活。」（胡適：《工讀主義試行的觀察》）

　　陳獨秀、王光祈等人則將工讀互助團的失敗歸咎於「人的問題」。陳獨秀說：「我相信他們這回失敗，完全是因為缺乏堅強的意志、勞動習慣和生產技能三件事；這都是人的問題，不是組織的問題。」（陳獨秀：《工讀互助團失敗底原因在哪裡？》）

　　王光祈也堅持認為工讀互助團「這種組織所以發生困難的原因，完全是人的問題，而非經濟的問題。」人的問題在於「團中

有許多團員是很瞭解工讀互助主義的，但是不肯實行工作。亦有許多團員是很能實行工作的，但是對於工讀互助主義卻不十分瞭解。」（王光祈：《為什麼不能實行工讀互助主義》）

李大釗則持折衷的觀點：「我覺得工讀團要想維持，還是採取純粹的工讀主義（注：指勤工儉學）才是，其中一部分欲實行一種新生活的人，可以在鄉下購點價廉的地皮，先從農作入手。」（李大釗：《都市上工讀團底缺點》）從這裡我們可以看出，李大釗此時並沒有放棄建設新村的想法。

不過，陳獨秀後來對新村和工讀互助團有了新的認識。他發表在《新青年》8卷1號（1920年9月1日）上的《談政治》一文，表明他已轉變成為一個馬克思主義者。他在此文中「承認用革命的手段建設勞動階級（即生產階級）的國家，創造那禁止對內外一切掠奪的政治法律，為現代社會第一需要。」他還在《新青年》8卷5號上的《關於社會主義的討論》一文中指出：「在全社會底一種經濟組織、生產制度未推翻以前，一個人或一個團體決沒有單獨改造底餘地。試問福利耶（注：即傅立葉）以來的新村運動，像北京工讀互助團及惲君的《未來之夢》等類，是否真是癡人說夢？」

施存統的現身說法很具有說服力。他根據親身經歷，對將工讀互助團失敗的原因歸咎於人的問題大不以為然。他在《星期評論・勞動紀念號》（1920-5-1）上發表《「工讀互助團」底實驗和教訓》一文，總結出工讀互助團失敗的原因有二，一是經濟的壓迫，二是能力的薄弱。最後得出這樣的結論：「（一）要改造社會，須從根本上謀全體的改造，枝枝節節地一部分的改造是不中用的。（二）社會沒有根本改造之前，不能試驗新生活，不論工讀互助團還是新村。」

施存統認為：「感情融洽只可以增加生活上的愉快，到了麵包問題發生的時候，感情絕不可以去解決他。」為了證明「經濟

的壓迫」是失敗的主因，施存統對工讀互助團第一組的經濟收支情況算了一筆明細帳，就辦食堂而言，不僅不能賺到錢，每天還要虧1元5角。談到「能力的薄弱」，施存統指出：「在現社會的組織底下，做一點鐘的工，未必就有一點鐘的工值；做一天的工，或者竟連飯都沒得吃。」「我們都是一群20歲左右的小孩子，都是不諳世故的小學生，能力薄弱，這是當然的事情。以我們這點薄弱的能力，要想單獨和一個詭詐百出的萬惡社會奮鬥，哪裡有不失敗的道理！」

　　值得注意的是，戴季陶、朱執信等對社會主義思想素有研究的國民黨人，也對工讀互助團的失敗進行了較為深刻的剖析。戴季陶在《我對於工讀互助團的一考察》中指出：「在這一種生產制度的下面，要想用很小一部分人的能力，一面作生產的工，一面達求學的目的，在事實上是作不到的。而且以不熟練的工作能力，不完全的幼稚的生產機關，要想獨立回復資本家生產制所侵蝕的『剩餘勞動時間』，更是作不到的。」他還忠告「有改造社會的熱誠和決心而又不肯耐苦冒險的青年，既不願意附隨著惡社會過生活，又不能夠達工讀互助的目的，便應該拿定普遍救濟的目的，捨去一切獨善的觀念，投向資本家生產制下的工廠去」。（《星期評論》第42號）

戴季陶（1890-1949），生於四川廣漢。早期擔任孫中山秘書。五四時期思想激進，發表了不少探討社會主義的理論文章。他對工讀互助團失敗的看法頗為深刻。1924年任國民黨中央執行委員會委員兼中央宣傳部長。1927年後歷任國民政府委員、考試院院長等。1949年服毒自殺。（圖片來源：百度百科）

　　五四時期的戴季陶思想比較激進，又初步研究了馬克思的經濟學說，曾發表過一些文章闡發唯物史觀和剩餘價值學說。他在1920年參加了中國共產黨綱領的最初起草，孫中山得知戴季陶參加組織中國共產黨，將他罵了一頓，戴季陶便打了退堂鼓。周佛海在《往矣集》中回憶，戴季陶曾講到「孫中山在世一日，他不能加入別黨」。之後，他長期擔任國民黨政府要職，充當蔣介石的謀士。

　　國民黨著名左派理論家朱執信認為，「工讀互助新村主義」這種方案是註定要失敗的：「不特是教育和工業上的改造，過不了錢和兵兩個關頭。你如果再想去離了學校和工廠，去做一個新組織，可以算做頂讓步的了，然而還是不行的。工讀互助團新村的失敗，就是說明世上沒有獨善的法子的。只希望這些團體裡頭辦得好是不行的。團體裡頭辦得好，不過是表示將來如果到了新社會的時代，可以照樣做團體的生活。但是這個事業，還是失敗，還是因錢和錢背後的兵失敗。」（朱執信，1979：802）

　　今天看來，從可行性上說，胡適的青年打工助學以求自立的建議自然最為可行，其風在美國依然盛行，在中國也值得提倡。但胡適可能低估了當時瀰漫在中國激進青年當中的理想主義熱情，那種改造社會、體驗新生活的衝動，已經成為了一種潮流。

朱執信（1885-1920），生於廣東番禺（今廣州）。早年留學日本。1905年參加中國同盟會。1911年參加廣州起義。辛亥革命後，任廣州軍政府總參議，是孫中山的主要助手。五四時期在上海辦《建設》雜誌，參加新文化運動。1920年被桂系軍閥所殺。（圖片來源：百度百科）

施存統的觀點顯示出了他對工讀互助團失敗的必然性有了深刻認
識。但由平等自由、自覺自願基礎上的和平的團體生活試驗，轉
向訴諸暴力、強制、權威乃至全面專政的政治和社會革命，是不
是歷史發展的必然，同樣值得反思。

　　王光祈認為主要還「是人的問題，不是經濟的問題」，例如
人浮於事、浪費較多、經營不善、感情不融洽、「互相懷疑」、
精神渙散、一些人「不肯努力作工」、一些人不瞭解工讀互助團
「深厚遠大的意思」，並反思自己當初過於急躁、準備不足的責
任。當然，這類人的問題或可更深地追溯到人性上去。集體主義
和個人主義的分歧，根本點還是在對人性的認知上。50年後，集
體主義經濟在中國農村遭遇徹底破產，細究起來，也是因為人性
的自私性與提倡協作精神的集體主義產生了不可調和的矛盾，所
以只好通過家庭承包責任制的方式予以解決。

山之崖，海之湄，
與我少年中國短別離；
短別離，長相憶！
不恃過去人物，不用已成勢力！
惟我少年，乃能自立！

王光祈：《去國辭》，1920年4月

第四章　少年中國之夢

一、不可忘記的王光祈

　　少年中國學會是五四時期歷史最久、會員最多、分佈最廣、影響也最大的一個社團。學會致力於著譯、教育和學術交流，又曾討論和組織新村和工讀互助團，謀求將這種組織推廣到全中國。

　　這個學會的早期靈魂人物是王光祈。

　　1950年的一天，陳毅因公去四川，臨行前去見毛澤東。毛澤東突然問起：「你認不認識王光祈？」陳毅回答不認識。毛澤東說：「你到四川後替我打聽一下。」陳毅到四川成都後，向副市長李劼人打聽。李劼人說：「我們是老同學，熟得不得了。他死去好多年了，就安葬在我家附近。」

　　陳毅回京後向毛澤東作了彙報。毛澤東說：「下次如再去四川，請瞭解王光祈有沒有家屬子女。」陳毅再次去成都時，經李劼人、魏時珍四處尋訪，僅在溫江王光祈的家鄉找到他的一個遠房侄子。

　　毛澤東念念不忘王光祈，是因為王曾是五四時期思想文化界的一顆明星，而他也曾受惠於王光祈發起成立的少年中國學會。毛青年時期只參加過兩個社團的活動，一是長沙的新民學會，一是北京的少年中國學會。在新民學會，毛澤東唱的是主角，是一

青年時代的王光祈。（圖片來源：百度百科）

幫抱負不凡的湖湘子弟的舵主。他們有著湖南人堅韌不拔、奮發
向上的精神，互相砥礪，重經世致用，為日後事業的發展打下了
基礎。毛澤東的品格和處世作風，正是這時候形成的。但新民學
會畢竟是個地方性的青年社團，在當時並未產生全國性影響。在
1918年到1920年間，毛兩度赴京，眼界因此大開。

1920年初，毛澤東在李大釗、王光祈介紹下加入了少年中國
學會。他雖然不是這個社團的骨幹，但因此得以結識了當時中國
最具理想的一批青年才俊。這些人包括後來成為中共領袖的李大
釗、鄧中夏、惲代英、沈澤民、楊賢江、張聞天等人。1945年8
月，毛澤東赴重慶談判，雖然日程安排非常緊湊，但他還是專門
宴請了在渝的少中會員，少年中國學會在他心目中的地位由此可
見一斑。

少年中國學會的主要發起人是王光祈。在歷史的長河中，他
宛如一顆耀眼的流星，掠過沉沉夜空，最後又在音樂的星座裡，
找到了自己的歸宿。這位五四時期著名的社會活動家、宣傳家，
新村和工讀互助團的踐行者，如今作為現代著名音樂家被人們紀
念著。《中國音樂史》是他留給後人的一部不朽經典。

在成都群眾路四川音樂學院校園西側，有一處僻靜的竹園，
豎立著一座王光祈紀念碑亭。青石墓碑上刻著「溫江王光祈先生
之墓」幾個楷體大字，書寫者為王光祈生前好友、少年中國學會

坐落在四川音樂學院校園裏的王光祈碑亭。（圖片來源：四川音樂學院網）

會員、著名生物學家周太玄。碑的四周是芙蓉花朵組成的花環，碑額上的圓圈裡刻著一個五線譜圖案。「王光祈碑亭」橫匾，由中國著名音樂家呂驥題寫。左右楹聯由四川革命家、教育家張秀熟撰文、著名書法家李半黎書寫。楹聯為：「革命先驅，少年中國；蜚聲寰宇，音樂名家。」

　　1892年10月5日，王光祈出生於四川溫江縣城西門外的魚鳧鎮（今成都溫江區天府鄉小河村）的一座小四合院裡。祖父王再咸，字澤山，是清朝咸豐壬子科舉人。後兩次晉京會試未第，遂滯留北京教館。曾做過後來相繼出任四川總督的趙爾巽、趙爾豐兄弟倆的受業老師。王再成性格狂放，素喜縱論天下大勢，詩名又盛，一時成為京中名士。王光祈的父親王展松，字茂生，曾在清政府內閣任職，後棄職回家經營鍋廠，在王光祈出世前兩個月，客死隆昌旅次。

　　1901年，王光祈的母親顏氏賣掉家裡僅有的幾畝園林和院落，遷居縣城西門外麻市街，送他到一所私塾讀書。

　　1907年，由於得到四川總督趙爾巽的幫助，王光祈負笈成都，就讀於胡雨嵐創辦的第一小學堂高年級。第二年，他考入著名的成都高等學堂，與後來青史留名的郭沫若、李劼人、周太

李劼人（1891-1962），四川成都人，王光祈同窗摯友、少中會員。現代著名作家，有「中國左拉」之稱。他的《死水微瀾》堪稱三四十年代長篇小說的經典之作。（圖片來源：《四川日報》2011-9-30）

玄、曾琦、李璜、魏時珍、蒙文通等先後同班。郭沫若在《少年時代》一書中，記述了他們指點江山、激揚文字的學生生活，稱王光祈是當時「同學中的佼佼者」。同學當中，王光祈和曾琦私交最好，而與周太玄往來最密。

1914年春末，王光祈赴重慶，乘船東下，繼續求學。他首先到了上海。與他同行的曾琦因是富家子弟，進了震旦大學，而王光祈身上只剩下4元半錢，沒法入學，便又乘船到青島，結果毫無所獲，便又返回上海，到同濟大學找魏時珍商議。後來，魏時珍回憶王光祈當時的情景：「一身破衣裳，一個臉盆，一部杜詩，布鞋後跟爛得像魚尾巴一樣拖起了。」

後來，王光祈來到北京，找到時任清史館館長的趙爾巽，在他的幫助下在館裡謀得一個書記員的職位，月薪8元，後升為30元。這份工作持續到他1920年赴德留學時為止。他在清史館內接觸到大量館藏資料，後來整理翻譯出的「中國近世外交史料」七種——《瓦德西拳亂筆記》、《李鴻章遊俄紀事》、《美國與滿洲問題》、《三國干涉還遼秘聞》、《辛亥革命與列強態度》、《西藏外交文件》、《庫倫條約之始末》，為研究近代中國歷史的珍貴文獻。

1915年，李劼人在成都創辦《川報》，並任發行人兼總編輯。他聘請王光祈任《川報》駐京記者。這年秋天，王光祈考入北京中國大學專門部，寓居北池子一間狹陋不堪的小屋，過著半工半讀的艱苦生活。

周太玄（1895-1968），四川成都人。王光祈
同窗好友、少中會員。著名生物學家。在生
物學、教育、文學評論、詩歌等領域均有貢
獻。（圖片來源：百度百科）

　　1916年秋，周太玄到北京任《京華日報》編輯。在他的推
薦下，王光祈也參與了該報的工作。當時，李大釗正主編《晨鐘
報》副刊。由於新聞界的聯繫，加之四川老鄉陳清的介紹，王光
祈和周太玄結識了李大釗。他們一見如故，有時暢談至深夜。
周太玄回憶說：「他們共同之處是思想傾向於新的一方面，要成
立一個團體來找尋方向，實現理想，要堅決地與舊的一切劃清界
限，絕不與任何舊的勢力妥協。要想在青年的朝氣上面再加上奮
鬥刻苦的精神，以一個完全嶄新的姿態和作法，去創造一個少年
中國，因此，許多地方與李大釗和陳清的思想有共鳴之處。」
（張允侯，1979[1]）

　　1919年7月1日，少年中國學會正式成立。先後加入該會的大
多是20歲左右的知識精英。王光祈作為「少中」的主要組織者，
以其道德人格、組織才華和獻身精神而成為少年中國的精神領
袖。他「性格高超純潔，其律己之嚴同人中無有出其右者」。

　　王光祈組織了《少年中國》月刊的編輯發行、學術演講和交
流、編譯出版圖書等會務活動。他發起的北京工讀互助團更是引
起一時轟動。

　　1920年3月，北京工讀互助團不可避免地滑向失敗，少年中
國學會也開始向左中右三方激劇分化，王光祈深感打擊。他決定

出國，到德國學習考察。他在告別少年中國學會同人時說：「去年7月1日，本會開成立大會；又蒙同人委以執行部主任一職，忽忽半年，毫無建樹，清夜思之，汗如雨下。加之一年來無暇讀書，思想破產，直欲赴郊外放聲痛哭一場。」並表示：「我此次出國，亦是最末一次之洪爐，若是仍毫無所得，最好是到太平洋裡與魚蝦作伴侶，永遠不要再與諸兄見面了。」（《留別少年中國學會同人》，《少年中國》第1卷第8期）

4月1日，王光祈與少年中國學會會員魏時珍、陳寶鍔一同赴歐留學。會友塗開輿前往新加坡從事教育。他們結伴乘法國Pretano號輪船由上海啟程。

4月3日，船過香港。王光祈站在船舷邊，遠望青山羅列海岸，想到即將闊別祖國，心緒難寧，一口氣作《去國辭》五章。這首《去國辭》曾被譜上曲，傳唱一時。其辭曰：

山之崖，海之湄，
與我少年中國短別離；
短別離，長相憶！
發揮科學精神，努力社會事業！
惟我少年，乃能奮發！

山之崖，海之湄，
與我少年中國短別離；
短別離，長相憶！
不恃過去人物，不用已成勢力！
惟我少年，乃能自立！

山之崖，海之湄，
與我少年中國短別離；

留學德國時的王光祈。由於過度操勞，不到
40歲就已謝頂。（圖片來源：百度百科）

短別離，長相憶！
只問耕耘何如，不問收穫所得！
惟我少年，有此純潔！

山之崖，海之湄，
與我少年中國短別離；
短別離，長相憶！
欲洗污濁之乾坤，只有滿腔之熱血！
惟我少年，誓共休戚！

山之崖，海之湄，
與我少年中國短別離；
短別離，長相憶！
願我青春之中華，永無老大之一日！
惟我少年，努力努力！

　　王光祈到達德國後不久，埋首於研究音樂。他認為立國的
根本在於中華民族的民族性，而禮樂又與中華民族的精神有著密
切的關係。他在《中西樂制之研究》中表示：「吾將登崑崙之

《中國音樂史》是王光祈留給後人的一部經典
之作。王光祈認為，復興中華必須從精神文明
入手，即必先行改造人心；而改造人心，必須
從恢復禮樂開始。曾作詩曰：「處世治心惟禮
樂，中華立族舊文明；而今舉世方酣睡，獨上
崑崙發巨聲。」（圖片來源：當當網）

巔，吹黃鍾之律，使中國人固有之音樂血液，重新沸騰。吾將使
吾日夜夢想之『少年中國』燦然湧現於吾人之前，因此之故，慨
然有志於音樂之業。」

1926年，王光祈從柏林大學轉到波恩大學繼續研究音樂。
從1932年11月起，他在波恩大學東方學院擔任講師，講授中國
文藝。1934年獲音樂學博士學位，論文題目是《論中國古典歌
劇》。

王光祈是中國第一位音樂學博士。他撰寫的《中國音樂
史》、《中西樂制之研究》、《論中國古典歌劇》被認為是中國
音樂史、中西樂制史的奠基之作。

1936年1月17日，王光祈在圖書館突發腦溢血暈倒在地，送
波恩醫院搶救，終告不治，年僅44歲。

王光祈病逝的噩耗傳到國內，少中會友及其生前友好先後在
南京、上海和成都舉行追悼會。蔡元培、田漢、徐悲鴻等知名人
士參加了南京的追悼會。會場遺像為徐悲鴻所繪。宗白華主持追
悼會，蔡元培致悼詞。上海的追悼會於同日舉行，教育家舒新城
主持追悼會。現代著名音樂家、國立音樂專科學校校長蕭友梅送
的輓聯為：「曠代仰宗師，著述等身，壽世更留音樂史；窮年攻
律呂，棲遲異地，夜台長伴貝多芬。」成都的追悼會於4月19日

舉行，追悼會上周太玄、魏時珍、李劼人等介紹了王光祈的生平事蹟及少年中國學會始末。

1941年冬，在李劼人的主持下，王光祈的骨灰葬於成都東郊沙河堡李劼人的老屋「菱窠」對面。1938年，李劼人修建了一所黃泥土牆、麥草為頂的躲日本飛機空襲的疏散房子，因其西鄰一口10餘畝水面的「菱角堰」，便在門楣上自題「菱窠」二字。

李劼人和王光祈、周太玄讀中學時，有次出遊來到東郊沙河堡菱角堰。見這裡沙白水清，王光祈與同學相約，「死後合葬此處」。雖然只是一番戲言，但31年後，李劼人託朋友將王光祈的骨灰輾轉帶回國內，替他了卻這一心願。

1982年夏，日本東京大學音樂教授岸邊成雄來中國訪問，與時任中國音協主席的呂驥談到王光祈時表示，他的研究思想深受王光祈音樂理論的啟發。末了，岸邊成雄特意打聽王的安葬地點，想去弔唁。後來，四川音樂學院派人在李劼人故居的亂草叢中四處尋找，好不容易才從蓬蒿濕泥中挖掘出王的墓碑。但見碑文漫漶不清，青苔遍佈，在場的人無不唏噓。在時任四川省人大主任的張秀熟建議下，王光祈的墓碑於1983年遷至四川音樂學院建亭保護。

光陰荏苒，不知不覺間，王光祈的墓碑在校園裡靜靜矗立了30年。現在的年輕人有多少聽說過這位曾經風雲一時的人物？是否還記得少年中國那群英氣勃發的少年？

二、青春思潮與少年中國學會

19世紀末20世紀初，中國一批有識知識份子痛感傳統的中國社會暮氣沉沉，整個國民都呈現出老年人的心態，缺乏一種活潑向上的精神，所以用「少年中國」這一響亮口號振奮民族精神，為中國的未來勾畫出新的理想藍圖。

1900年，梁啟超在其膾炙人口的名篇《少年中國說》中，大聲疾呼：「造成今日之老大中國者，則中國老朽之冤業也；制出將來之少年中國者，則中國少年之責任也。」他以筆端常帶感情之筆，明確了中國少年之責任，並為未來的少年中國描繪了一幅絢麗的圖畫：

> 使舉國之少年而果為少年也，則吾中國為未來之國，其進步未可量也；使舉國之少年而亦為老大也，則吾中國為過去之國，其澌亡可翹足而待也。故今日之責任，不在他人，而全在我少年。少年智則國智，少年富則國富，少年強則國強，少年獨立則國獨立，少年自由則國自由，少年進步則國進步，少年勝於歐洲則國勝於歐洲，少年雄於地

以「少年中國之少年」自詡的梁啟超，用筆端常帶感情之筆，勾勒了一幅未來「少年中國」的圖景。（圖片來源：百度百科）

球則國雄於地球。紅日初升，其道大光；河出伏流，一瀉
汪洋，潛龍騰淵，鱗爪飛揚；乳虎嘯穀，百獸震惶；鷹隼
試翼，風塵吸張；奇花初胎，矞矞皇皇。幹將發硎，有作
其芒；天戴其蒼，地履其黃。縱有千古。橫有八荒，前途
似海，來日方長。美哉我少年中國，與天不老；壯哉我中
國少年，與國無疆!

「少年中國」這一口號在民國初年終於有了廣泛回應，並有
了明確的主張。透過民初動盪的政局，陳獨秀、李大釗等人清醒
地認識到在政權頻繁更迭的背後，當權者陳腐的觀念和落後的意
識始終一脈相承，且專制日烈。環顧國內，到處充斥著顢頇的官
吏、投機的政客、御用的文人和懦弱的國民。未來的少年中國只
能寄託在富有理想和朝氣的中國少年身上。如果依恃舊式人物和
現成勢力，無異於與虎謀皮。

民初亂象的背後也萌生著希望。在這個舊秩序遭到空前破
壞，中央集權被嚴重削弱，偶像被打倒，價值被重估，思想文化
形成斷層的特殊年代，各種學說乘隙而入，新思潮紛呈一時。一
時間，各種社團相繼成立，報刊雜誌紛紛湧現。當時成立的少年
中國學會、覺悟社、新民學會、新潮社、國民社、曙光社、工學
會等進步社團，雖然宗旨不一，但它們有一個共同點，那就是對
理想社會的嚮往和追求。這種悄然變化的時局為年輕的政治家、
思想家們提供了表演的舞臺。

吹響青春號角的，是五四運動總司令陳獨秀。從一開始，陳
獨秀就將民族振興的希望和社會改造的責任寄託在廣大青年身
上。1915年，他在帶有發刊詞性質的《敬告青年》一文中，滿懷
激情地謳歌：「青年如初春，如朝日，如百卉之萌動，如利刃之
新發於硎，人生最可寶貴之時期也。」並以進化論的觀點，號召
青年勇敢地肩負起未來的責任。他說：「青年之於社會，猶新鮮

活潑細胞之在人身。新陳代謝，陳腐朽敗者無時不在天然淘汰之途，與新鮮活潑者以空間之位置及時間之生命。人身遵新陳代謝之道則健康，陳腐朽敗之分子充塞社會，則社會亡。」所以每一個活潑上進的青年，都應該「奮其智慧，力排陳腐朽敗者以去」。陳獨秀慷慨激昂之辭無疑切中了時代跳動的脈搏，在廣大青年中引起了廣泛的共鳴。當時就讀於北大的楊振聲回憶說，《新青年》的出版有如春雷初動一般，驚醒了整個時代的青年，「他們首先發現自己是青年，又粗略地認識了自己的時代，再來看舊道德、舊文學，心中就生出了叛逆的種子。一些青年逐漸地以至於突然地，打碎了身上的枷鎖，歌唱著衝出了封建的堡壘」。（中國社會科學院近代史研究所，1979）

　　五四新文化運動的另一位舉旗人李大釗也在1916年提出了「青春中華」的美好構想。在《〈晨鐘〉之使命——青春中華之創造》一文中，李大釗號召廣大青年「以青春中華之創造為唯一之使命」，讓積貧積弱的老大帝國重返青春，一躍而為「青春中華」。在這裡，青春中華既不同於當時所謂的民國，也不是歐美代議制政治的資產階級國家，而是一種更加自由更加民主的國家

《青年雜誌》第一卷第一號。在其發刊詞上，陳獨秀吹響了青春的號角，聚攏了一批有志於改造中國社會的有志青年。（圖片來源：百度百科）

制度，和少年中國的理想是一致的：「過去之中華，老輩所有之中華，歷史之中華，墳墓中之中華也。未來之中華，青年所有之中華，理想之中華，胎孕中之中華也。墳墓中之中華，盡可視為老輩之紀錄，而拱手以讓之老輩，俾攜以俱去。胎孕中之中華，則斷不許老輩以其沉滯頹廢、衰朽枯窘之血液，侵及其新生命。蓋一切之新創造，新機運，乃吾青年獨有之特權，老輩之於社會，自其長於年齡、富於經驗之點，吾人固可與以相當之敬禮，即令以此自重，而輕蔑吾青年，誹謗吾青年，凌辱吾青年，吾人亦皆能忍受，獨至並此獨有之特權而侵之，則毅然以用排除之手段，而無所於躊躇，無所於遜謝。須知吾青年之生，為自我而生，非為彼老輩而生，青春中華之創造，為青年而造，非為彼老輩而造也。」緊接著，李大釗又在《青春》一文中，希望「致我為青春之我，我之家庭為青春之家庭，我之國家為青春之國家，我之民族為青春之民族」。「凡以沖決歷史之桎梏，滌蕩歷史之積穢，新造民族之生命，挽回民族之青春者，固莫不惟其青年是望矣。」

　　新文化運動的先驅者們將希望寄託在充滿青春活力和創造精神的青年身上。雖然在年長者當中，也有老當益壯、思想活躍之

五四時期的部分進步期刊。
（圖片來源：《五四時期期刊介紹》）

士，但這些人畢竟只是少數。未來的少年中國，主要還是需要依靠煥發著青春熱情的少年們。正因為如此，五四新文化運動從一開始就湧動著一股青春的氣息。青年領袖及莘莘學子們，或組織社團，或創辦報刊，指點江山，激揚文字，洋溢著高昂的鬥志和樂觀主義精神。新文化運動伊始，《新青年》就團結並吸引了中國最有才華的一批年輕人，如李大釗、毛澤東、魯迅、周作人、胡適、錢玄同、劉半農、傅斯年、沈尹默、俞平伯等人。在新思潮的激蕩之下，一大批學生社團如雨後春筍般湧現出來。較著名的就有新潮社、工學會、平民教育講演團、少年中國學會、新民學會、覺悟社等。在朦朧的理想、高遠的目標之下，大大小小的社團吸引了一大批充滿才情和奮鬥精神的熱血青年。而吸納人才最多的則是少年中國學會。

周太玄回憶少年中國學會的緣起時說：「他們醞釀發起少年中國學會的主要動因，就是都感到現狀不能容忍，老一輩的人已不可靠，甚至迷惑人已久的所謂『泰西』所走的路子也未必可靠，必須由自己聯合同輩，殺出一條道路，把這個古老腐朽、呻吟垂絕的被壓迫、被剝削的國家改變為一個青春年少、獨立富強的國家。」（張允侯，1979[1]）

王光祈則一開始就闡明了青年思潮和少年中國學會的關係：「中國青年是世界新文化的創造者，是中國舊社會的改革者。有了中國青年的思潮，然後才有少年中國學會的產生。」（王光祈：《少年中國學會之精神及其進行計畫》，《少年中國》1卷6期）

王光祈是少年中國學會的主要發起人，是這個學會早期的靈魂人物。

1918年7月，王光祈以第二名的優異成績畢業於中國大學。這年12月，陳獨秀和李大釗發起創辦《每週評論》，王光祈是該刊主要撰稿人之一。與此同時，王光祈還在《晨報》副刊上發表了不少文章，其中流露出了泛勞動主義和工讀主義的思想。如

他在《學生與勞動》一文中指出，20世紀是「勞動主義盛行的時代」，人人都要勞動。「現在要由這個不良政治、腐敗社會裡頭，尋出一個極有興趣的新生活來，就是學生與勞動這個意思，就是一面工作，一面讀書，終身工作，終身讀書。」在《勞動者的權力》一文中，王光祈提出勞動者應當要求自己的權利，要實行「生產機關公有」，教育平等。這些主張得到了很多人的共鳴。

這年的5、6月間，中國留學生為反對段祺瑞政府與日本秘密簽訂《中日陸軍共同防敵軍事協定》，先後有3千餘人罷學回國。雷寶菁、張尚齡、曾琦等陸續到達北京。王光祈跟他們經常有書信往來，彼此熟悉，於是常邀周太玄、陳淯、雷寶菁、張尚齡、曾琦等在南池子陳淯的住處或中央公園（今中山公園）聚談，探討社會改造的路徑。這6人作為少年中國學會最初的發起人，討論了由王光祈起草的《吾黨今後進行意見書》。意見書上稱：

> 同人等欲集合全國有為的青年，從事專門學術，獻身社會事業，轉移末世風俗。……知改革社會之難而不可以徒托空言也，故首之以奮鬥繼之以實踐；知養成實力之需時而不可以無術也，故持之以堅忍，而終之以儉模。務使全國青年志士，皆具先民敦厚之風，常懷改革社會之志，循序以進，懸的以趨。勿為無意識之犧牲，宜作有秩序之奮鬥。

6月30日下午，王光祈等人來到順治門（即宣武門）外溝兒胡同55號岳雲別墅張文達祠，商議正式發起成立少年中國學會。列名發起人為李大釗、王光祈、陳淯、曾琦、周太玄、雷寶菁、張尚齡等七人。大家公推王光祈為籌備處主任兼會計，周太玄為文牘，李大釗為臨時編譯部主任。委託王光祈起草學會規約，組織籌備處，籌備期為一年。

　　7月12日和14日，王光祈邀曾琦、周太玄、陳淯、雷寶菁、張尚齡等，分別在中央公園和岳雲別墅繼續討論他起草的少年中國學會規約及有關事宜。

　　7月21日午後，王光祈、周太玄前往曾琦寓所，抄寫少年中國學會章程，並邀請李大釗過來指導，大家興致都很高，一直聊到晚上10點多才散。

　　1918年冬，李璜從上海來北京找李石曾辦理赴法留學的手續。他以少中會員的身份，持魏時珍的介紹信來南池子磁器庫八號「蓬廬」拜會王光祈。他們都是四川老鄉，一見如故。王光祈向李璜詳細詢問了上海、成都等地少年中國學會的組織情況，交談一個多鐘頭後，又領他去見李大釗和陳淯。

　　第三天，李大釗在米市胡同便宜坊請部分少中會員吃烤鴨。這天，先到的有李大釗、李璜、易克嶷、鄧中夏。最後等王光祈匆匆趕到後，李大釗才請大家入座。席間，王光祈慷慨陳詞：「今日政治黑暗，政治腐敗，我們青年此刻雖然力量有限，但應集合志同道合的人，樹立風範，徐圖發展，所以少年中國學會標出堅忍、奮鬥、實踐、儉樸四大立身標準，旨在將個人生活與舊社會劃清界限，這樣才有資格談改革舊社會，創造出一個新社會。」大家酒興正酣、談興正濃的時候，毛澤東、趙世炎進來了。王光祈連忙站起身來給李璜介紹說：「這兩位都是少中會友，正打算赴法留學，聽說你正在辦手續，想和你談一談。」原來，王光祈事先已約好毛澤東、趙世炎來與李璜見面，商談赴法留學的事。後來毛澤東改變主意，未能成行。

　　1919年1月，周太玄、孟壽椿即將從上海動身赴法留學，特電邀王光祈趕到上海召開會議。王光祈於23日抵滬後，在吳淞同濟大學召開會議。在會上，他解釋了少年中國學會最初的四項宗旨，即「振作少年精神，研究真實學術，發展社會事業，轉移末世風氣」。談到為何沒有一個統一的主義時，他說，一戰之後世

界潮流變遷劇烈，青年人的思想也隨之變化很大，就少中會員而言，有偏重國家主義的，有偏重無政府主義的，並不一致，也沒必要強求統一，所謂主義不過是細枝末節的問題。出席這次會議的會員也一致贊同在思想自由、兼容並包的原則下作切實的研究工作，等有確定主義的必要時，再行討論。

五四運動後不久，王光祈寫信給李劼人，邀他加入少年中國學會，並請他在成都發展會員。李劼人在短短半個月裡就發展了9人入會。

少年中國學會的入會條件非常嚴格，首先要看他心地是否純潔，再看他是否能做到奮鬥、實踐、堅忍、儉樸。申請入會必須要有會員5人介紹，經評議部認可方可入會。郭沫若雖然和王光祈、魏時珍等人都是中學同學，但因為嫖娼狎妓、酗酒鬧事等不端舉止，被拒絕入會。郭沫若因此深受打擊。他在1920年初給宗白華的信中寫道：「我讀《少年中國》的時候；我看見我同學底少年們，一個個如明星在天。我獨陷沒在這stryx的阿米巴（注：一種變形蟲），只有些無意識的蠕動。咳！我禁不住我淚湖裡的波濤洶湧！慕韓（曾琦字）、潤嶼（王光祈字）、時珍、太玄，都是我從前的同學。我對著他們真是自慚形穢，我是連阿米巴也不如了！」（陳明遠，1999）

「少年中國學會」周年紀念時部分會員在北京岳雲別墅合影。右起第五人是王光祈，右起第三人為李大釗。（圖片來源：《五四時期的社團》）

　　被陳獨秀譽為「四川省隻手打倒孔家店的老英雄」吳虞曾積極申請入會，結果因為年歲大而被婉拒。雖然從心態來看，他跟梁啟超都可以「少年中國之少年」自詡，但畢竟已經40出頭，學會裡面的老大哥李大釗也才剛滿30歲呢！

　　學會還規定有宗教信仰的人、納妾的人、做官的人都不能入會，已經入會的，也要請他退出。像唯識學大師歐陽漸之弟子、著有《中國佛學史》的黃懺華因為信仰宗教主動退會，他說：「你們規定得太嚴，什麼都要拿到會裡來談，我受不了。」曾加入孫中山的同盟會、後來成為教育家的羅季則入會後，跟會員相處甚洽，但他有個小老婆。會員們讓他選擇：要麼退掉小老婆，要麼退會。羅季則考慮了一陣，最後選擇了退會。（周太玄：《談少年中國學會》，《五四運動回憶錄》下）

　　少年中國學會規約十分嚴格，如第十四條規定：「凡會員有下列行為之一者，由評議部提出警告書，送交該會員，勸其從速悔改。一、有嫖賭或其他不道德之行為者；二、與各政黨有接近嫌疑、因而妨害本學會名譽者；三、違背本學會信條者；四、對於會務漠不關心者；五、介紹會員不加審慎、因而妨害本學會名譽者。」又如第十五條規定：「凡會員有下列行為之一者，經評議部調查確實後，召集臨時大會表決，由本學會宣告除名：一、

《少年中國》月刊創刊於1919年7月，1924年5月停刊。它和《新青年》、《新潮》是五四時期影響最大的三家進步刊物。這家大型綜合性雜誌內容可分成兩大部分，第一部分占刊物的主要篇幅，是會員所寫的關於自然科學、文學、社會學和哲學的論著與譯文，涉及人生觀、世界觀和社會問題的諸多方面，當集中討論某一問題時，就出版專號。第二部分主要是闡發學會的方針的文章、會務消息和會員通訊。（圖片來源：《五四時期期刊介紹》）

違背本學會宗旨者；二、利用本學會名義為個人私利之行為者；三、既入本學會後又加入其他黨系、因而妨害本學會名譽者；四、會員人格上有重大污點、因而妨害本學會名譽者；五、犯第十四條之禁約、關於同一事件已繼續提出警告書二次而無悛改之望者。」

少年中國學會雖然是一個比較鬆散的團體，但由於入會要求極為嚴格，會員又都胸懷大志，有些已經嶄露頭角，被許多人看好。北大校長蔡元培曾預言：「現在各種集會中，我覺得最有希望的是少年中國學會。因為他的言論，他的行動，都質實的很，沒有一點浮動與誇張的態度。」（蔡元培，1999：169）左舜生後來追憶說，「在少中最初幾年的會員間，實在沒有給我留下半點不良的印象。這與我後來所過的黨人的生活，和政治上一切勾心鬥角的把戲，真是截然不同，而具有充分的人味」。（左舜生，1976）

倒不是每個少中會員都心地純潔，尤其在男女關係上少數會員易犯錯誤。易家鉞（字君左，現代知名學者）曾因違反規約被退會。《少年中國》3卷1期上的「會務消息」上登載如下：「近日京報上發現易君辱罵女高師蘇梅一文，吐詞淫穢，閱者無不駭怪。各方面均認為易君手筆，而彼亦無以自白。此文直不啻宣告青年人格的破產，於社會前途影響實大。……適次日易君亦自來函再請出會，並表示非常抱歉之意，遂由執行部一併提交評議部，全體贊同易君自請出會。」革命老人秦德君在她的回憶錄《秦德君和她的一個世紀》中，揭露《新蜀報》編輯、少中會員穆濟波在她15歲那年，趁她喝醉酒強暴了她，致使她懷孕，自己又因生活無著所迫嫁給了他。書上還稱這個穆濟波曾強姦過她的一個同窗好友。不過穆倒是才華出眾，曾當過江蘇南通中學的校長、四川省圖書館館長等職，在教育圈頗有文名。此乃後話。

7月1日，少年中國學會正式成立。這時國內外會員人數已有42人。這天上午10時，在京會員齊集南池子2號（即回回營2號）

陳愚生宅舉行正式成立大會。王光祈任大會主席。他首先報告籌備經過，接著討論規約、選舉職員、研究今後進行方法。在討論規約時，李大釗、王光祈、曾琦、康白情等6人提議，將規約第二條「本學會以振作少年精神，研究真實學術，發展社會事業，轉移末世風俗為宗旨」修改為「本學會宗旨──本科學的精神，為社會的活動，以創造『少年中國』」。學會決定發行《少年中國》月刊。到會者主張漸進的方法，步步為營地拓展會務。大會選舉王光祈、陳愚生為執行部正副主任，曾琦為評議部主任，左舜生、宗之櫆、雷寶華、易克嶷為評議員；選舉李大釗、徐彥之、黃日葵、康白情、陳愚生、袁同禮、孟壽椿、蘇甲榮、王光祈為編輯員，李大釗為編輯部主任，編印《少年中國》月刊，編輯部副主任是康白情。是年10月9日，「少中」總會在北京嵩祝寺八號開會，選舉執行部各股職員，總務股主任由執行部主任王光祈兼，會計股主任孟壽椿，交際股主任黃日葵，庶務股主任鄧中夏，交際股主任徐彥之。

　　7月15日，由北京總會負責編輯的《少年中國》月刊創刊。編輯部主任李大釗和副主任康白情均因事未能履行職務，實際負責編輯工作的是王光祈。

　　7月26日，王光祈撰寫了《少年中國之創造》一文，文章寫道：

> 「我是一位夢想大同世界的人。我將中國這個地方看作世界的一部分。」
>
> 「我理想中的『少年中國』，就是要使中國這個地方──人民的風俗制度等、學術生活等等，適合於世界人類進化的潮流，而且配得上為大同世界的一部分。換一句話，這就是我對於改造世界的下手處。」
>
> 「我們要改造中國，便應該先從中國少年下手，有了新少年，然後『少年中國』的運動才能成功。現代哲學思

潮的趨勢注重人生問題，我們『少年中國』的少年，應該
注重『人的生活』問題。」

　　「實現『少年中國主義』的方法，簡單說起來，要由
我們一般青年與一般平民、勞農兩界打成一氣，且為一種
青年的國際運動。」

三、關於小組織的討論

在五四理想主義盛行的年代，「少年中國」這一口號也抹上了濃厚的烏托邦色彩。

少中會員最初雖然有著不同的思想傾向，但他們都有一個共同點，那就是建立未來的少年中國。在他們眼裡，少年中國是一個沒有階級、沒有剝削、沒有貧窮的社會。

王光祈是個典型的理想主義者。他熱衷於提出種種宏大的構想，一次又一次地激起「少中」會友的參與興趣，使學會具有很大的感召力和凝聚力。當然，這些宏大構想，差不多全是烏托邦。王光祈通過烏托邦的構想和看似周密的規劃撩撥起了這些青年人的熱情。

1919年2月初，少年中國學會負責人王光祈參加完少中上海會員在吳淞同濟學校召開的籌備會議由滬返京，順便取道南京，與左舜生會晤，一起商討建立共同生活的小組織，希望在這種小組織發展狀大的基礎上實現達到改造社會的目的。

左舜生（1893-1969），歷史學家，青年黨黨魁。原名學訓，字舜生，號促平。長沙人。上海震旦大學畢業。1920年任中華書局編譯所新書部主任，出版《新文化叢書》等，主編《少年中國》月刊。1924年任《醒獅週報》總經理，次年加入中國青年黨。1935年任該黨中央執行委員會委員長。抗日戰爭初期回長沙，參加湖南文化界抗敵後援會，選為理事。後以青年黨代表身份參加國民參政會。1946年在上海創辦《中華時報》、《青年生活》，次年任國民政府農林部部長。1949年去香港。著有《中國近代史四講》、《黃興評傳》、《近代中日外交關係小史》、《左舜生選集》等。

左舜生，這位五四時期的社會活動家，曾經和王光祈共同構想烏托邦色彩十分濃厚的小組織新生活。今天，他作為一名歷史學家被人們記起。（圖片來源：百度百科）

左舜生經過思考，寫了《小組織之提倡》一文，發表在1919年7月2日上海的《時事新報》副刊《學燈》上，引起了不少人的關注。

在這篇文章裡，左舜生提出「理想上的『小組織』是由少數同志組織的一種學術事業生活的共同集合體。」團員必須有獨立工作能力，與家庭斷絕經濟關係，勞動所得完全歸公共使用和分配，子女也歸集體負責教養。他滿情憧憬地寫道：「我想現在這班人的墮落不出三種原因，一是愚昧，二是生計的艱難，三是缺少精神修養。我敢信這種『小組織』可彌補這三種缺陷。我想我們現在的生活的方法是極不自然的，將來無論如何不能不改變。這種『小組織』可以給我們種種實驗。」

王光祈讀到這篇文章後，十分的興奮，連夜挑燈寫了一封長信給左舜生，詳細談了自己的具體設想。這封信後來以《與左舜生書》為題發表在《少年中國》1卷2期上。他在信上表示「對於新生活的組織，已經有了辦法，我們少年中國學會會員都是極端贊成的、而且是急欲見諸實行的。」他對這種新生活組織規劃為大家共同生產一起讀書的「菜園」：

　　　　我們先在鄉下租個菜園，這個菜園距離城市不要太遠，亦不要太近，大約四五里路為最宜。這個菜園不要太

大，亦不要太小，只要夠我們十餘人種植罷了。菜園中間建築十餘間房子，用中國式的建築法，分樓上樓下兩層。樓上作我們的書房、閱報室、辦公室、會客室、藏書室、遊戲室等等；樓下作我們臥室、飯廳等等。園子西南角上建築一個廚房。東北角上建築一個廁所。房子後身建上一個球場。園子周圍挖下一條小溪，溪邊遍植柳樹，柳樹旁邊就是竹籬，竹籬裡頭就是我們的菜園了。

每日工讀時間：（一）種菜兩鐘；（二）讀書三鐘；（三）翻譯書籍三鐘；其餘鐘點均作遊戲、閱報時間。因為讀書、種菜都是偏於個人的；如今要想對於社會稍稍盡力，因有多譯書籍，介紹歐化，以革新一般人的思想。我們（注：指少年中國學會）會員大概都懂外國文字，此事很易輸，所譯書籍除去紙張印刷費用外，所賺的紅利，以一半作為譯者的津貼，以一半作為共同生活的用費。

附設一個平民學校，附近農家子弟均可以到學校讀書，不納學費；每逢星期，還要聚集他們開一個演說大會；還要開演幻燈，或購置留聲機器一架，使他們大家快活呀！

我們在鄉間半工半讀，身體是強壯的，腦筋是清楚的，是不受衣、食、住三位先生牽制的，天真爛漫的農夫是與我們極表示親愛的；我們純潔青年與純潔農夫打成一氣，要想改造中國是很容易的。

最後，王光祈以一種急不可耐的口吻寫道：「舜生！我現在覺得我們新生活園裡的花兒、草兒、鳥兒、蝶兒正在那裡盼望我們，我們不要再作紙上的空談了，趕快實行我們神聖的生活！」

王光祈設計的這個菜園新村，集勞動、讀書、娛樂為一體，構成比較完整的半工半讀，和毛澤東設想的岳麓山新村幾乎差不

多。我們從王光祈設計的這個菜園新村可以看出，他的這一構想結合了當時流行的泛勞動主義、新村主義和無政府共產主義。王光祈自稱他的這種主義或可叫作「工讀互助主義」。

《少年中國》1卷2期上發表了「討論小組織問題」的一些通信和文章，除刊登王光祈的這封信外，還轉載了左舜生的《小組織之提倡》、宗之魁等人對於「小組織」的意見。

宗之魁（1897-1986），即宗白華，原名之魁，字伯華，現代著名美學家。江蘇常熟人。1919年在上海主編《時事新報》的副刊《學燈》，與張東蓀、沈玄廬等名流共事，發現並扶植了郭沫若等文壇新秀。這一時期，他對流行的各種社會主義思潮產生興趣，《學燈》上就曾登載不少討論新村的文章。1920年留學德國，回國後歷任東南大學、北京大學等校教授。

宗白華在這期《少年中國》上發表的文章題為《我的創造少年中國的方法》。在他看來，左、王兩人的構想雖然美好，但更多的是一種個體的生活方式。它不應該只是一個小組織，也不僅是一個菜園子，「應該跳出這腐敗的舊社會以外，創造個完滿良善的新社會」。

他提出創造「少年中國」的辦法有三：

（一）我們脫離了舊社會的範圍，另向山林高曠的地方，組織一個真自由真平等的團體，人人合力工作，造成我們的經濟獨立與文化獨立，完全脫去舊社會的惡勢力圈。

（二）我們從實業與教育發展我們團體的經濟與文化，造成一個組織完美的新社會。

（三）我們用這新社會做模範，來改造舊社會，使全國的社會漸漸革新，成了個安樂愉快平等自由的「少年中國」。

　　宗白華提出的創造少年中國的辦法，就是依靠教育和實業組織起桃花源式的烏托邦。他的創造少年中國的方法，和毛澤東同時期發表的《學生之工作》，以及惲代英的《共同生活的社會服務》論調如出一轍（惲的這篇文章是由宗白華安排在《時事新報》副刊《學燈》上發表的）。宗白華提出的具體方案為：

　　中國地大物博，未開墾的山林同土地尚多，我們合一班同志，集了資本，尋找幾處未開闢的地方，創造森林，耕種平地，用最新式的農學方法同最新式的機器合力共作，（不過我向來是主張分工的，體力強知識淺的人可以多作實業生計上的事，體力弱知識高的人可以多作教育文化上的事。但是我們要想求他漸漸調和，使知識家也是稍稍勞動，勞動家也是和普通知識，然後我們的團體才可以共同進化。所以我們的團體只要品行純潔、心地忠厚的人就可以做，不必盡收羅一班高才的學者。）使我們的生計漸漸充裕，資力有餘，根據地已得，不仰求於舊社會；然後建立各種學校，從事教育，用最良的教授方法，造成一班身體、知識、感情、意志皆完全發展的人格；以後再發展各種社會事業，如工藝、交通之類，使我們完全脫離舊社會的勢力。我們團體中的學者專心研究一種最良好的社會組織，部署我們團體中的行政，並且要規模宏大，可以做一切舊社會革新的標本。我們做事餘暇，就可以多作書印報，發闡我們團體組織的辦法、生活的愉快，發行到舊社會中，使舊社會徹底覺悟自己的缺憾，欣羨我們的完備，自己想革新改進；然後我們再予以指導贊助，幫助他們革新的事業，我們團體組織的方法就可以做他們革新的標本。我們團體此時漸漸擴充，可以分散各處單行組織，使各地舊社會就近取法，奉為標本。我們的社會組織分佈

全國，使全國人民皆入於安樂愉快的生活，盡力於世界人
類文化的進步。那時，我們創造「少年中國」的大目的可
以漸漸達到了，豈不是我們最安心快樂的事體嗎？但是我
們還要前進，用我們的餘力幫助全世界的人都臻此境，再
發展人類文化的進步，以至於無疆之休，那時我們人生的
責任才可以勉強算得盡了。雖不能像佛家說的度盡一切眾
生，也可算救了一小部分了。這是我所草擬的創造「少年
中國」的辦法。

　　李大釗於1919年9月發表的《「少年中國」的「少年運
動」》，明顯帶有烏托邦的色彩。他提出「少年中國」的少年應
把文化帶到農村去，把農民變成「人道主義的信徒」，把「老村
落」變成「新村落」；「少年中國」的「少年運動」就是「以村
落為基礎建立小組織的運動，是以世界為家庭擴充大聯合的運
動。」（《少年中國》第1卷第3期）
　　部分少中會員正討論「小組織」之際，北京教育界發生了引
起知識界廣泛關注的李超事件。王光祈未來得及起組織一幫人體
味一下菜園子新生活，就趕緊聯合學界一些名流創辦起了北京工
讀互助團，把菜園子新生活移植到城市中來。
　　早期中共黨員中，一度熱衷於新村和工讀互助團的就有李大
釗、毛澤東、惲代英、趙世炎、黃日葵、張聞天等，這些人都是
少中會員。
　　工讀互助團主要由少年中國學會發起。列名北京工讀互助
團的17位發起人中，少中會員有李大釗、王光祈、張崧年、徐彥
之、孟壽椿。列名上海工讀互助團的26名發起人中，少中會員有
王光祈、左舜生、宗白華、陳寶諤、康白情、毛澤東、張國燾、
塗開輿。他們在組織中起到了骨幹的作用。

四、「讓我們在戰場上相見！」

　　少年中國只是一個朦朧的理想。但也就是這一朦朧的理想，曾經感召了一大批出類拔萃的熱血青年。在少中會成立之初，理想是高於一切的，在他們眼裡，少年中國只是一個模糊的輪廓，一個大致的方向。他們相信經過自由的討論、相互的切磋，一定會找到令人滿意的答案。所以學會宗旨只是籠統地提出了「本科學精神，為社會活動，以創造少年中國」。

　　少年中國學會在初期是一個開放的、有相當大的包容性卻又不盡一致的團體，因此隨著實踐的進行必然逐步分化，虛幻的理想終究會被無情的現實拷問。

　　工讀互助團的很快失敗成了少年中國學會分化的一個轉捩點。之後，一部分會員對細枝末節的改造失去了耐心和興趣，他們認為當務之急是必須找到一條徹底改造中國社會的道路，這樣，關於主義的論爭不可避免地擺在面前。

　　1920年8月16日，少年中國學會北京總會、天津覺悟社、北京人道社、曙光社、青年互助團等5個團體的20多名代表在北京陶然亭舉行茶話會。會上由覺悟社的劉清揚報告開會宗旨，鄧穎超報告覺悟社的組織及經過，周恩來發表演說。少年中國學會北

1920年8月16日少中北京總會與天津覺悟社等5個團體在北京陶然亭聚會，通過了《聯合改造宣言》。李大釗在會上提出，少年中國學會經過兩年的切實研究，已有標明主義的必要。（圖片來源：《五四時期的社團》）

少年中國時代的宗白華。這位被譽為「融貫中西藝術理論的一代美學大師」，曾設想在山林高曠之地建立一個完全自由平等的烏托邦。40多年後，當他和成千上萬的幹部和知識份子一起下放到「五七」幹校勞動時，是否還能想起自己當年的烏托邦理想，是否會聯想起新村和「少中」夢想觸動了他的少中會友毛澤東的某根神經？
（圖片來源：百度圖片）

民國八年八月少年中國學會部分會員攝於上海。
前排左起：康白情、左舜生、曾琦、陳劍脩、魏嗣鑾。
後排左起：周炳琳、沈怡、羅益增、宗白華、趙曾儔、張夢九。
（圖片來源：百度百科）

京總會由李大釗、張申府先後講話。李大釗在會上提議說：「本會之創立，原係研究學問團體，思想須極自由，主義自不一致；惟兩年以來，世界思潮既有顯然之傾向，而國內應時發生之無數小團體，亦莫不各有鮮明之旗幟；本會同人已經兩載之切實研究，對內對外似均應有標明本會主義之必要。」「主義不明，對內既不足以齊一全體之心志，對外尤不足與人的聯合之行動」。
（「少年中國學會消息」，《少年中國》2卷3期）

　　1921年2月，北京會員在北大圖書館李大釗辦公室開會，著重討論了學會應採取何種主義等問題。討論中大家認為學會的宗旨過於空泛，應選擇一種主義充實它。但在究竟選擇什麼主義這個問題上，一時不能決定，於是議定在一、二個月內，一面精心研究各種學術，一面邀請「深知社會主義者」到會講演，然後繼續研討，並將提案交南京大會討論。

　　1921年7月1~4日，少年中國學會南京年會召開，會上對是否採用主義和應否參加政治活動的問題，發生了激烈的爭執。李大釗、鄧中夏、高君宇、沈澤民、黃日葵等人堅持學會有採取一種主義的必要，認為只有這樣各方面的活動才「可以趨向一致。教育不致為預備非人的場所，文學不致徒供富貴人的玩賞，實業不致徒養成一般後起的資本家」。曾琦、左舜生等人堅決反對學會以社會主義為宗旨，認為「中國式之社會主義，今猶在發明之中，其內容為如何？其形式為如何？更無人能作答矣。」主張少年中國學會應該在鼓吹主義與實行主義之前，做許多預備工夫，「使中國的多數人民能有適合改革的能力」。（《南京大會紀略》，《少年中國》3卷2期）

　　實際上，爭論是否要明確主義只是一種表面現象，真正分歧在於實現主義的手段，亦即到底是用激進的革命方式去創造一個少年中國，還是用緩進的教育和實業尋求創造少年中國的途徑。

　　南京年會以後，學會的分化有增無已。身居國外的會員無法直接過問國內的會務，只能利用月刊發表文章和通信來表達意見。國內的會員有些開始與學會疏離，很少參加活動，那些積極參與的也因政見不一而越來越對立。

　　1922年7月，少年中國學會在杭州召開年會。參加這次年會的只有10人，其中高君宇、楊賢江為共產黨員，中間派占了多數。

「少年中國學會」部分會員合影。後排右起：鄧中夏、章志、李大釗、陳愚生、高君宇、黃日葵。前排左起：劉仁靜、孟壽椿、沈怡、蘇甲榮。「少年中國學會」部分會員合影。後排右起：鄧中夏、章志、李大釗、陳愚生、高君宇、黃日葵。（圖片來源：中華魂網httpwww.xn--fiqw8j4y8e.netbook.phpac_view&bvid_93713&bid_1236）

　　未能出席杭州年會的北京會員由李大釗、鄧中夏、黃日葵等6人聯名提出了一個《為革命的德謨克拉西》的提案。提案分析了在帝國主義和軍閥的壓迫下，中國的經濟破產、人民貧困、文化落後的現狀後，指出「這種社會不是以空泛的道德目標和不實用的科學常識所能征服的。」

　　提案強調政治鬥爭「是改造社會、挽救頹風的最好工具。人民為最切近的利益而奮鬥，在群眾結會、示威運動、遊行、煽動、宣傳、抵制這些具體事實當中訓練而團結自己，掃除與群眾不相容的習慣和道德，吸收富於活氣的實際的知識。因為與共同的仇敵作戰，養成同仇敵愾的精神，鍛鍊了互助的能力。這樣有價值的經驗的獲得，將遠勝於讀書萬卷和教育十年了。」並批評有些會員「要學脫爾斯太慢騰騰的以十分之一、百分之一、千分之一、萬分之一的減速度做不干涉政治的『小學教師』式、『園丁』式的社會活動，還侈言創造少年中國，這真是甚於希望以若干人的唾沫便可撲滅燎原之火了。」

　　提案提出少年中國學會是「知識階級的團體」，而中國的知識份子只有三條道路：一是「替治者階級的醜行做知識上的盾牌，替治者階級用深淵的學識解釋、辯護他們的一切罪惡」；二是「不干涉政治，任軍閥殘暴而不敢抵禦，自己卻以『到民間去』安慰自己，間接延長軍閥統治的壽命」；三是「引導少數覺悟的民眾在各種事業中與軍閥代表的黑暗勢力奮鬥，喚醒國人的同情」。提案號召會員們走第三條道路。

　　在左翼會員的努力下，會上通過了《對時局的主張》，號召大家「對外反對帝國主義的侵略，對內謀軍閥勢力的推翻」。由於出席者少，大會宣佈會上的「各項決議只能表示少數人的意見，並不求多數底服從。」這個決議並沒有改變學會的面貌。

　　高君宇提出將學會改造成為社會主義團體，「希望學會採取馬克思主義」，但未得到採納。

　　會後，高君宇即去上海，出席7月16日至23日召開的中共二大。在這次大會上，他和陳獨秀、蔡和森、張國燾、鄧中夏一起被選為中共中央執行委員會委員。

　　1923年10月，少年中國學會蘇州年會召開。與會者共17人。在會上，鄧中夏、惲代英、楊賢江等人與右翼分子左舜生、陳啟天激烈爭論，結果左翼分子占了上風。會上通過了惲代英起草的宣言。

　　這份宣言制定了學會的九條綱領：一、反對國際帝國主義的侵略，特別注意英美帝國主義，以矯正一般人因對內而忽略對外，因對日本而忽略對英美的惡弊。二、為打倒軍閥肅清政局。三、提倡民族性的教育。四、喚醒國民注意現實的政治、經濟及其他社會問題。五、推闡經濟壓迫為國民道德墮落的主要原因，以反證中華民族絕對非劣等民族。六、提倡青年為民族獨立運動。七、注意青年團體生活的訓練。八、反對現時智識界個人享樂主義的趨勢。九、提倡華僑教育與邊疆教育，以培養中華民族獨立運動的實力，且注意融洽國內各民族的感情，以一致打倒國際勢力的壓迫。

　　和杭州年會一樣，出席這次蘇州年會的只是會員的一小部分，會上通過的決議和宣言對全體會員沒有約束力。此後，學會向左、中、右三方分化已經到了不可調和的地步。

　　隨著1921年中國共產黨的成立，中共二大反帝反封建民主革命綱領的制定，國共合作的開始，以及周恩來領導的「旅歐中國少年共產黨」的成立，右翼的國家主義派認為這必將使中國大亂，決然組織新黨。1923年12月，曾琦、李璜等人在巴黎郊外玫瑰城興和街成立中國青年黨。曾琦1924年回國後，在上海創辦《醒獅》週報，宣傳國家主義，國家主義派在國內的勢力發展起來。國家主義以國家為前提，反對階級鬥爭學說；他們注重以國家為前提的各階級共存，主張全民革命，以國家主義教育為實現

全民革命的手段，認為階級鬥爭是把本階級利益凌駕於國家之上。他們力圖使自己成為一種超階級的國家利益的代表，以全民革命實現全民福祉國家，認為共產黨人為階級利益而斷送國家，因此根本分歧在於是否要階級鬥爭與無產階級專政。在究竟如何改造社會、把中國引向何方的問題上，國家主義派與共產黨已勢同水火。

1925年7月，南京年會召開。入會者共18人。這是少年中國學會最後一次大會。在這次會議上，左舜生、陳啟天、曾琦、餘家菊全力主張國家主義，惲代英、沈澤民則針鋒相對，力主暴力革命。雙方吵得不可開交。據方東美回憶：「雙方爭到激烈，拳不停揮，口沫四濺，各以殺頭相威脅，當時若手槍在手，恐已血流成河矣。」分別之際，鄧中夏握著左舜生的手，激動地說：「好吧，讓我們在戰場上相見！」（近代中國史料叢刊，1981：45）

少年中國學會曾於1920年10月和1925年11月兩次給會員分發《會員終身志業調查表》，我們可以從這兩次調查表中看出學會的走向。例如，毛澤東在第一次填表時寫道：「終身欲研究之學術：教育學；終身欲從事之事業：教育事業；將來終身維持生活之方法：教育事業之月薪酬報及文字稿費。」第二次填表時，則答覆如下：「（一）對於目前內憂外患交迫的中國究抱何種主義：本人信仰共產主義，主張無產階級的社會革命。惟目前的內

曾琦（1892-1951），字慕韓。四川隆昌人。早年就讀於成都法政學堂。1919年留學法國。1923年12月2日在法國巴黎近郊成立中國青年黨，任黨務主任。1924年回國，10月10日，中國青年黨（即國家主義派）的機關刊物在上海創辦《醒獅》週報，宣傳國家主義，反對國共合作。1951年卒於美國。（圖片來源：百度百科）

外壓迫，非一階級之力所能推翻，主張用無產階級、小資產階級及中產階級左翼合作的國民革命，實行中國國民黨之三民主義，以打倒帝國主義，打倒軍閥，打倒買辦、地主階級（即與帝國主義、軍閥有密切關係之中國大資產階級及中產階級右翼），實現無產階級、小資產階級及中產階級左翼的聯合統治，即革命民眾的統治。（二）對於本會會務之改進究抱何種態度：會員所抱主義顯然有互相衝突之點，且許多會員精神不屬於學會，少年中國學會在此時實無存在之必要，主張宣佈解散。」

24年後，從少年中國學會分裂出來的共產主義派通過流血鬥爭得到了天下，並因此改變了中國的走向和未來。

五、分道揚鑣的少年們

　　在少年中國學會左翼會員中，除了發起人之一的李大釗，加入共產黨的有毛澤東、惲代英、鄧中夏、楊賢江、沈澤民、高君宇、劉仁靜、趙世炎、張聞天、黃日葵、侯少裘、張申府、周佛海。中共「一大」代表有四分之一出自少中會員。劉仁靜、張申府後來脫黨，周佛海先為中共，後為國民黨，最後墮落為漢奸，1948年病死在南京老虎橋監獄。侯少裘、李大釗、趙世炎、惲代英、鄧中夏先後壯烈犧牲。李大釗最長，也不過38歲，惲代英和鄧中夏均36歲，侯少裘31歲，趙世炎僅26歲。高君宇（29歲）、黃日葵（32歲）、楊賢江（36歲）、沈澤民（31歲）均英年早逝。

　　毛澤東，這位出生自湖南農村、曾為了掙一個銅板攬髒衣服洗的窮學生，在少中名存實亡20多年後，成為了中華人民共和國的締造者。少中會員在建國後擔任中共要職的，除毛澤東外，僅剩下一個張聞天。這位在遵義會議後一度在黨內負總責，主持中央日常工作的傑出領導人，1959年在廬山會議上與彭德懷等人一起落難。1976年7月1日含冤去世。

鄧中夏（前坐者）與黃日葵合影。
（圖片來源：《重慶日報2011-3-7）

　　曾經擔任全國人大常委會副委員長、全國政協副主席職位的少中會員許德珩，乃民主人士，九三學社的發起創建人。

　　曾琦、左舜生、李璜、余家菊、陳啟天等則為青年黨的骨幹。他們和國共兩黨均有恩怨，但也是一股不可小覷的勢力。國民黨方面，有官至考試院長的楊亮工、教育部次長吳保豐、南京市市長沈怡等。在科學、教育、文化、藝術領域，少中會員更是聲名卓著。傑出人物主要有：朱自清、宗白華、田漢、許德珩、楊鍾健、舒新城、鄭伯奇、李初梨、李劼人、方東美、周炳琳、康白情、蘇甲榮、惲震、邰爽秋、周太玄、魏時珍等人。他們都在各自領域頗有建樹。在實業界，則有上世紀40年代的中國船王盧作孚。這樣一批在歷史上發揮過重大作用的人物聚攏在同一個學會裡，這在古今中外的歷史上都是罕見的，難怪40年代有人感慨：當今中國，已成「少年中國學會」的天下了。

　　加入少年中國學會的成員共約120多位。這批20歲左右的年輕人，自覺擔當起天下。雖然這些血氣方剛的年輕人有時免不了有一時的衝動，不切實際的幻想，甚至冒出一些幼稚、偏激的舉止，但是，這些身無半文、心憂天下的書生們，過了一、二十年，大多數成了各個領域執牛耳的人物，有的甚至成為了一代偉人。

　　有次，我向中國社科院著名歷史學家耿雲志先生求教——為何上世紀二三十年代的中國會湧現出這麼多傑出的人才。他盯住

1925年3月5日，高君宇病逝，年僅29歲。墓碑上刻著戀人石評梅女士書寫的他的自題詩：我是寶劍，我是火花。我願生如閃電之耀亮，我願死如彗星之迅忽。3年後，著名才女石評梅鬱鬱而終。這對忠貞的戀人合葬在北京風景如畫的陶然亭湖畔。他們留下的故事如泣如歌。

著名音樂家、詩人田漢曾經是少中會員。這位《義勇軍進行曲》的詞作者,「文革」中幾經批鬥,1968年冤死獄中。同一年被整死的少中會員還有生物學家周太玄。(圖片來源:星辰線上httpwww.changsha.cninfomationrlcswxiangt20040223_125538.htm)

我,很認真地說:「你留意那些人留下來的年輕時的照片,看看他們的眼神,你就知道答案了!」

是啊,他們的眼神就是答案。他們是一群意氣風發、眼裡放射光芒的少年!他們是一群奮發向上、熱血沸騰的少年!他們目光堅定、自信,激情滿懷。他們充滿了才情和奮鬥精神,有著捨我其誰的氣慨、奮發努力的精神、追求真理的信念。

這些人敢於挑戰、勇於擔當,唯有他們才能撐起少年中國。雖然他們的理想是那麼的朦朧,目標是那麼的高遠,但他們從不言棄。

我們還能找回這種少年的激情麼?

我們還能追尋到少中戀人的身影麼?

「知識青年到農村去……」
毛主席發出了進軍號令！
百川歸海呵萬馬奔騰，
決心書下，簽名排成一列長龍，
接待站前，同學少年待命出征！
呵，不可戰勝的幼芽，
在火紅的年代誕生！

摘自政治抒情詩《理想之歌》

# 第五章

新村與現代中國

一、烏托邦：從夢想到現實

在中國，烏托邦的夢想如同她的國度一樣古老。《詩經》中對「樂土」嚮往，《禮記》中對「大同」的描繪，墨子對「尚同」的倡導，許行對「同耕」的歌頌，都表達了人們反對暴政，憧憬自由、平等的美好願望。其中《禮記‧禮運篇》裡對「大同」社會的描述，更是千百年來久誦不絕：

> 大道之行也，天下為公，選賢與能，講信修睦。故人不獨親其親，不獨子其子，使老有所終，壯有所用，幼有所長，矜寡孤獨廢疾者，皆有所養。男有分，女有歸。貨惡其棄於地也，不必藏於己；力惡其不出於身也，不必為己。是故謀閉而不興，盜竊亂賊而不作，故外戶不閉，是謂大同。

《禮運篇》所謂的「大同」社會的原型是夏代以前的原始社會，通過對原始共產制社會的美化，《禮運》展示了一幅令人嚮往的美麗畫卷，「大同」的理想社會也成為千百年來中國知識份子一再追求的終極目標。

但是，這麼美好的願望為何不立即付諸實施呢？《禮運篇》在描述「大同」美好理想之後，給出了答案：

> 今大道既隱，天下為家，各親其親，各子其子，貨力為己。大人世及以為禮，城郭溝池以為固，禮義以為紀，以正君臣，以篤父子，以睦兄弟，以和夫婦，以設制度，以立田裡，以賢勇知，以功為己。故謀用是作，而兵由此起。禹、湯、文、武、成王、周公，由此其選也。

　　原來，儒家學說堅持認為，中國歷史上真正的黃金時代在遠古時代，那時人們安居樂業，過著平等互助的生活。但後來人心不古，世風日下，人世間充滿了爭鬥，只有整飭人心，嚴格等級秩序，讓綱常名教規範人們的行為，使人人成為謙謙君子，才有望恢復到遠古時曾經出現過的大同盛世。一句話，只有人人皆為舜堯，才能實現大同。這便是中國漫長的歷史長河中，頌揚大同弦歌不絕，現實中的烏托邦卻縹緲難尋的原因。

　　縱觀中華數千年歷史，真正躬行烏托邦實踐的人寥若晨星。歷史上出現的烏托邦，比較典型的是短暫存在的漢中政權和明代何心隱建立的「聚和堂」。

　　漢獻帝初平二年（191年），張魯按照五斗米道所宣揚的理想社會模式成立政教合一的農民政權。據《三國志・張魯傳》記載：

> 魯遂據漢中，以鬼道教民，自號「師君」。其來學道者，初皆名「鬼卒」。受本道已信，號「祭酒」。各領部眾，多者為治頭大祭酒。皆教以誠信不欺詐，有病自首其過，大都與黃巾相似。諸祭酒皆作「義舍」，如今之亭傳。又置「義米肉」，懸於義舍，行路者量腹取足；若過多，鬼道輒病之。犯法者，三原，然後乃行刑。不置長吏，皆以祭酒為治，民夷便樂之。雄據巴、漢垂三十年。……

　　「聚和堂」是何心隱構築的一種烏托邦模式。何心隱（1517-1579），江西永豐人。家境富裕。37歲時他在家鄉本家族內創辦了一個「聚和堂」。「聚和堂」以家族為單位，組織嚴密，管理方式健全，設「率教」、「率養」各一人，全面負責「聚和堂」的文化教育和經濟管理工作。「聚和堂」中有各種設備和分工。經濟來源主要依靠「計畝收租」。內部過著共同的經濟生活，大

家各盡其力，統一籌畫和安排生產收入。何心隱還通過教育的方式，灌輸人人相親相愛、平等互助的思想。經過何心隱的艱苦努力，一個嶄新的社會理想暫時在較小的宗族範圍內出現了。數年後，何心隱因反對明政府所徵收額外的封建賦役，觸犯了封建制度的利益，受到封建政府的迫害，兩度入獄，63歲時被杖殺。「聚和堂」最終解體。

　　無論是張魯的「置義舍」，還是何心隱的「聚和堂」，都是以封建正統思想的異端面目存在的，在現實中遽行大同實踐就是破壞封建秩序，無異於犯上作亂。

　　到了近代，康有為第一次將進化論納入其大同學說之中。他依據《春秋》公羊三世說和《禮記・禮運》小康大同說，認為人類社會的進化發展，最終必然要達到太平世。這個太平世的社會，便是《禮運》篇中所說的「大同」之世。但是，康有為從漸進論出發，認為大同之世只能在遙遠的將來才能實現。在物質文明遠未發達，人們道德未臻完善的情況下，輕言大同會引起大亂，只有先實現小康，才能一步一步地邁進大同。所以，當他完成《大同書》後，長時間密不示人，直到成書後的1913年，才把此書的甲、乙兩部發表在《不忍》雜誌上。全書的出版，則到了康有為去世8年後的1935年。

在《大同書》裏，康有為對大同社會有著天才般的構想。書完成後，他長時間密不示人，直到死後8年全書才刊佈於世。康有為設想的大同社會建立在物質和精神文明高度發達的基礎上，這般灼見避免了現實中的烏托邦。（圖片來源：百度百科）

　　康有為對大同世界的描述不僅十分詳盡，而且他將大同社會建立在高度發達的物質文明和精神文明基礎之上。在大同社會裡，物質生產高度發達，無論工、交、農、商都實現了機械化、自動化、電氣化，在大同之世，「機器日新，足以代人之勞。」他對這種高度發達的文明社會有著天才般的設想。比如他猜測出未來有一種專為人們傳送飲食的機器鳥和機器獸：「以機器為鳥獸之形而傳遞飲食之器，私室則各有電話，傳之公廚，即可飛遞。或於食桌下為機，自廚輸運至於桌中，穹窿忽上，安於桌面，則機複合；撫桌之機，即能開合運送去來。」他主張在大同之世廢除婚姻和家庭，言論可謂驚世駭俗，諸如「無家族，男女同棲不得逾一年，屆期須易人」等等。有一條規定倒是非常奇怪，他讓大家用類似當今一些時尚女性用的一種除腋毛的藥水，把身上的毛都弄掉：「大同之世，自髮至鬚胥皆盡剃除，五陰之毛皆剃落，惟鼻毛以禦塵埃穢氣，則略減而留之。」為什麼這樣做呢？因為「太平之人，文明之至也，故一毛盡拔，六根清淨。」

　　康有為的言論已經夠開放大膽的了，對大同世界的描述也非常的具體細緻。但康有為眼裡的大同夢想似乎遙遙無期，因為現實的生產力太落後了，人們的道德水準也參差不齊。

　　在落後的生產力狀況下，烏托邦變成現實必須有兩個前提，一是強力推行簡陋的平均主義；二是相信群眾的覺悟，特別是對底層民眾的道德力充分信任。在物質相對匱乏的情形下，只能從改變生產關係入手，從分配上實現人與人之間的平等。同時，只有充分肯定民眾的偉大，消除高低貴賤之分，才不會因顧慮到群眾的道德約束力而放棄烏托邦的實踐。

　　五四時期出現中國歷史上第一次有一定規模的烏托邦，正是因為有了上述兩個前提。我們從王光祈的「菜園子」新生活構想、毛澤東在《學生之工作》中對新村的規劃及北京工讀互助團

的實踐中，都可以看出這種以生產力極不發達的小農經濟為基礎
的烏托邦是何等的簡陋不堪。

二、人民公社化運動

　　1920年，跨出校門不久的毛澤東想在長沙岳麓山腳找塊閒田試驗新村，結果沒有找到合適的辦法。但他的新村夢從來就沒有幻滅過。到了1958年，這位中華人民共和國的主要締造者看到新中國欣欣向榮的景象，情緒高漲，感到夢想可以成真了。

　　1958年8月6日，毛主席在視察河南省新鄉縣七裡營人民公社時，一句「人民公社好」在全國掀起了人民公社化運動高潮。8月28日，應城率先建起了湖北省第一個人民公社——紅旗人民公社。當時，中共湖北省委秘書長王良、中共孝感地委書記王家吉分別代表省委、地委致賀詞說：「共產主義是天堂，人民公社是橋樑，我們要跑步進入共產主義。」紅旗公社按共產主義的構想，很快辦起了公共食堂，實行「吃飯不要錢，按月發工資」的分配制度。在當時全國上下齊聲高唱「共產主義一定能實現」的歷史背景下，紅旗人民公社很快作為共產主義的「試驗田」得到從中央到地方各級領導的高度重視與支持，新聞媒體更是對此讚歎不已，各大報刊紛紛報導這一新生事物，稱「千年意願實現了，人民公社萬萬年」。

有些農村辦起了吃飯不要錢的公共食堂。（圖片來源：百度百科）

　　紅旗公社作為共產主義建設樣板，社員除分配制度外，生活上也要體現出共產主義優越性，因此，新村建設很快納入各級組織議事日程，並緊鑼密鼓全面鋪開。應城縣高度重視新村建設工作，成立了「共產主義新村基本建設委員會」，全面指揮新村建設工作。經多方考察研究，新村位址選擇在縣南的喻家橋和青龍橋之間（即現在的楊橋與陳塔兩村）。

　　新村的規劃與籌建也得到了中央、省、地領導的高度關注。1958年10月26日，時任國務院副總理的鄧子恢、湖北省委書記處書記王延春帶著建設圖樣，親臨新村視察，指導新村規劃建設。湖北省農業科學研究廳、農業廳勘察設計隊等部門都派來工程技術人員支援新村建設。

　　新村的規劃立足樣板建設，大大超出了當時應城農村實際，具體而言，規劃中的新村有四個特點。一是環境優美，如同花園。新村四周果園和林帶錯落有致，住宅四周齊整整的樹木花草相互掩映，村中有三個小公園。二是交通便利，水、陸、空交通方式齊全。新村西邊有一條長1200米、寬30米的水泥飛機跑道，跑道附近有三個新開挖的河港，既可灌溉農田，又能常年通行帆船。新村內規劃有七條大道，可供車輛行駛，大道兩旁各有人行道。三是設施功能齊全。新村共規劃有90多座建築。其中文體方面有：文化宮、電影院、大戲院、俱樂部、體育場、圖書館、舞廳、新華書店、廣播站、游泳池、文工團、雜技團、郵電所、氣象臺、科普試驗室、展覽館、電視接收站、黨團分校、紅專大學，還有小學、中學、綜合大學校。商業方面有：銀行、百貨公司、花紗布店、雜貨商店、五金店、文具店，還有美術照相館。社會福利方面有：幼稚園、托兒所、幸福院、衛生所、婦產院、療養院、招待所、開水房、澡堂、水塔、水電站、理髮室、洗染廠、縫紉廠、製鞋所、廁所、公墓、倉庫、5個大食堂、6個小食堂。還有小賣部、閱覽室。此外，新村中間規劃有大隊部辦公大

樓，農民住宅區等，其中新建住房共計2100間。四是環保衛生，生活、生產區域明晰。為了保持新村的環境衛生，農民的生活區與生產區進行了隔離，生產性的各種廠房和工礦都設在離村較遠的地方。如5萬頭養豬場，還有養牛、魚、雞、鴨、兔、蜜蜂、鴿子等畜禽場舍，有拖拉機站、機械修配站、田間作業站、抽水機站、人工降雨站、沼氣站、配電站、紡織廠、飛機廠、軋花廠、榨油廠、米麵廠、糖廠、酒廠、豆腐廠、農具廠、大倉庫、曬場、獸醫站、病蟲防治站、水文站、汽油庫、水果蔬菜加工廠、化肥廠等。

1958年11月3日，縣委在工地隆重舉行了施工典禮，正式拉開了新村建設的序幕。

新村建設採取自力更生、因陋就簡的辦法。所用的磚，是採用「箍子窯」燒出來的；所有的瓦匠、木匠等建築工人都是紅旗公社各區農民；所有的木料，是拆除舊房所得。為建設新村，紅旗公社共拆除光明和楊橋兩個大隊中8個自然灣372棟1116間房屋。

為了充分調動群眾建設新村的積極性，加快新村建設步伐，紅旗公社強力發動輿論宣傳，大造聲勢，統一思想，凝聚民力，營造出上下一心建新村的濃厚氛圍。當時鼓動性強，用得較廣的響亮口號有：「苦戰一個月，把新村建成」、「縱橫萬丈建新村，千年舊房大改革；集體居住無限好，共產主義萬萬歲」、「我們是英雄的人民，我們是勞動的好漢，幸福生活靠我們創造，共產主義靠我們建設」、「個個社員想天堂，不知天堂在哪方，共產主義新村起，新村定比天堂強」、「為早日建成第一個共產主義新村而奮鬥」等等。

1958年11月26日，周恩來總理、賀龍副總理、張體學省長陪同金日成首相率領的朝鮮政府代表團來到紅旗公社視察。參觀了正在建設中的新村。周總理一行在剛建成的大隊部辦公樓「群躍

樓」參觀新村模型時,向公社黨委書記胡銀林仔細詢問了新村住宅建築設計情況。看到已建成的新房,賀龍副總理跟胡銀林開玩笑說:「你們都變成地主囉!」

1959年春,如火如荼的應城共產主義新村建設緊急剎車,在建起32棟、256間,面積總計7680平方米的房屋後就停了工。主要原因:一是中央政策發生轉變。1959年春,中央已意識到「大躍進」的偏差,開始對政策實行調整。二是共產主義新村缺乏必要的基礎,脫離當時物資條件與生產力發展水平。如飛機場、人工降雨站等,只能是一個對幸福生活的夢想與追求。三是力不從心。1959年,應城遭遇特大旱災,縣委組織全縣人民進行了大規模的抗旱保豐收和農田水利基本建設。紅旗公社也不例外,這對新村的建設必然產生很大影響,同時後續建設資金匱乏,使新村建設舉步維艱。四是新村建設與農民的實際生活不適應。新村規劃是按照人民公社「一大二公」的模式設計,沒有考慮到居民如家庭養殖等其他方面需求,搬進去的農戶反映出各種不同意見,致使新村建設受阻。

1958年12月10日,毛澤東批印《三國志‧魏書‧張魯傳》,發給參加武昌會議的代表們。他於1958年12月7日和10日兩次給《張魯傳》寫了很長的批語。在兩次寫的批語中,他都分析了歷史的發展和運動,說明無產階級領導下的農民革命不同於封建制社會裡的農民起義:「歷代都有大小規模不同的眾多的農民革命鬥爭,其性質當然與現在馬克思主義革命運動根本不同。」同時,毛澤東也寫道:「我國從漢末到今天一千多年,情況如天地懸隔。但是從某幾點看起來,例如,貧農、下中農的一窮二白,還有某些相似。」「有相同的一點,就是極端貧苦農民廣大階層夢想平等、自由,擺脫貧困,豐衣足食。」還有:漢末至今「大約有一千七百年的時間,貧農、下中農的生產、消費和人們的心情還是大體相同的,都是一窮二白,不同的是生產力於今進步許

多了。」他以《張魯傳》為例寫道：「這裡所說的群眾性醫療運動，有點像我們人民公社免費醫療的味道，不過那時是神道的，也好，那時只好用神道。道路上飯鋪裡吃飯不要錢，最有意思，開了我們人民公社公共食堂的先河。」

可以看出，毛澤東力求通過調整生產關係的方法以解決中國一窮二白的面貌，現實中的烏托邦有了第一個前提。

調整生產關係的重要手段就是消滅階級。1958年，毛澤東在一次講話中提到《大同書》時說，空想社會主義的想法，在那時沒有實現的條件，現在馬克思主義者抓住了階級鬥爭，已經消滅了階級或正在消滅階級的過程中，這樣，把空想社會主義者不能實現的空想實現了。（謝春濤，1990：113）

也就在這年的7月1日，毛澤東得知江西余江縣消滅了血吸蟲，思緒萬千，浮想聯翩。他夜不能寐，寫下了《七律二首·送瘟神》，其中最有名的兩句是「春風楊柳萬千條，六億神州盡舜堯」。他寫出這樣豪邁的句子不光因為余江縣消滅了血吸蟲，也因為他被新中國建設者戰天鬥地的豪情所觸動。

毛澤東在1958年寫的《七律·送瘟神》手跡（部分）。其中最鼓舞人心的詩句是「春風楊柳萬千條，六億神州盡舜堯」。很少有人體會出這兩句詩中隱藏的深意。（圖片來源：百度百科）

　　似乎沒有誰把毛澤東的這兩句詩和人民公社在神州大地遍地開花聯想到一塊。事實上，這正是人民公社建立的道德依據。人人皆為堯舜，正是大同社會所必備的條件。亞聖孟子雖說「人皆可以為堯舜」，但從「可以為堯舜」到「皆為堯舜」，關山重重，遙不可及。特別是在封建統治者眼裡，「上智而下愚」，地位卑下的民眾只能沐浴教化，甘為被統治的對象。

　　可是，在新中國人民領袖眼裡，「卑賤者最聰明，高貴者最愚蠢」，人民已經當家作主。放眼神州，堯舜塞道。烏托邦出現的道德前提已經有了。

　　在這點上，我們還可以把毛澤東的新村思想和現代的鄉村建設理論作個簡單的比較。現代鄉村教育家晏陽初也曾表示他的理論建立在傳統的大同思想基礎之上，信奉「四海之內皆兄弟」的古訓。（李真，1990）但是，他認為大同是不能馬上實現的，因為中國廣大農村社會的癥結在於「貧、窮、弱、私」四個字，於是，他發動知識份子到農村去，鼓勵學者下鄉，通過一系列改良措施提高生產率，移風易俗，開啟民智，培養出一代新式農民。他讓農民接受教育，而不會像毛澤東那樣，反過來讓知識份子接受貧下中農再教育。在這裡，我們可以看出鄉村建設派與烏托邦主義者及共產主義派之間思想的分野。

「三面紅旗」——人民公社、大躍進、總路線。「三面紅旗萬歲」的口號曾在神州大地上響徹雲霄。（圖片來源：百度百科）

三、「五七指示」大放光芒

1966年，毛澤東作出了著名的「五七指示」。這年，林彪寄給毛澤東軍委總後勤部的《關於進一步搞好部隊農副業生產的報告》，這份報告說，從近幾年的情況來看，軍隊搞生產確實是一件大事，具有重大的政治意義和經濟意義：（一）恢復了我軍的老傳統；（二）可以為國家開墾一批農田；（三）可以為國家提供一批糧食；（四）全生產的部隊仍可進行一定的政治教育和軍事訓練；（五）邊疆部隊搞生產，可以同發展邊疆經濟、建設國防結合起來，具有特殊意義。我們總的想法是：假如軍隊在戰備時期多搞點生產，在三五年內為國家提供四五十億斤糧食，這就等於準備好了大約七八百萬人一年的軍糧。這是戰備的物資條件之一。

毛澤東閱後，於5月7日給林彪寫了一封信。他肯定了上面五條做法，但他考慮得更多更深。他由軍隊搞生產，聯想到辦一種「大學校」的問題。這種「大學校」，各行各業都要辦。在「大學校」裡，可以學政治，學軍事，學文化，又能從事生產，由此形成一個體系。

信的全文如下：

> 林彪同志：
>
> 　　你在五月六日寄來總後勤部的報告，收到了，我看這個計畫是很好的，是否可以將這個報告發到各軍區，請他們召集軍、師兩級幹部在一起討論一下，以其意見上告軍委，然後報告中央取得同意，再向全軍作出適當的指示，請你酌定。
>
> 　　只要在沒有發生世界大戰的條件下，軍隊應該是一個大學校，即使在第三次世界大戰的條件下，很可能也成為一個這樣的大學校，除打仗以外，還可做各種工作，第二

次世界大戰的八年中，各個抗日根據地，我們不是這樣做了嗎?這個大學校，學政治、學軍事、學文化，又能從事農副業生產，又能辦一些中小工廠，生產自己需要的若干產品和與國家等價交換的產品。又能從事群眾工作，參加工廠農村的社教四清運動；四清完了，隨時都有群眾工作可做，使軍民永遠打成一片。又要隨時參加批判資產階級的文化革命鬥爭。這樣，軍學、軍農、軍工、軍民這幾項都可以兼起來。但要調配適當，要有主有從，農、工、民三項，一個部隊只能兼一項或兩項，不能同時都兼起來。這樣，幾百萬軍隊所起的作用就是很大的了。

同樣，工人也是這樣，以工為主，也要兼學軍事、政治、文化。也要搞四清，也要參加批判資產階級。在有條件的地方，也要從事農副業生產，例如大慶油田那樣。

農民以農為主（包括林、牧、副、漁），也要兼學軍事、政治、文化，在有條件的時候也要由集體辦些小工廠，也要批判資產階級。

學生也是這樣，以學為主，兼學別樣，即不但學文，也要學工、學農、學軍，也要批判資產階級。學制要縮短，教育要革命，資產階級知識份子統治我們學校的現象，再也不能繼續下去了。

商業、服務行業、黨政機關工作人員，凡有條件的，也要這樣做。

以上所說，已經不是什麼新鮮意見、創造發明，多年以來，很多人已經是這樣做了，不過還沒有普及。至於軍隊，已經這樣做了幾十年，不過現在更要有所發展罷了。

毛澤東
1966年5月7日

　　這封信就是著名的「五七指示」。這一指示勾勒了毛澤東心目中的分配大體平均、自給自足、限制商品生產、逐步消滅社會分工的共產主義社會的大致輪廓。這個體系，正好與他1958年所設想的大辦人民公社的初期思路相吻合，只是增加了「批判資產階級」的內容。增加這部分內容是因為當時毛澤東敏銳地感覺到，幹部搞特殊化，高高在上，脫離勞動，脫離人民，是產生修正主義的重要根源。為了避免幹部腐化變質，他形成了一個幹部要參加勞動，通過勞動，與人民群眾保持密切聯繫的思路。

　　1968年10月10日。《人民日報》刊登《柳河五・七幹校為機關革命化提供了新經驗》一文，並在「編者按」中發表毛澤東批示：「廣大幹部下放勞動，這對幹部是一種重新學習的極好機會，除老弱病殘者外都應這樣做。」

　　我們可以看出，「五七指示」大致基於毛澤東年輕時的新村夢想，跟《學生之工作》中的構想有異曲同工之妙。

　　曾出版《少年中國學會研究》一書的吳小龍博士則將毛澤東的「五七指示」與宗白華的《我的創造少年中國的方法》聯繫起來，認為二者有著驚人的一致。他在引用宗白華文章裡的一段文字後，這樣寫道：

　　　　看到宗白華這些話時，我驚異不已。這不就是毛的「五七指示」的原始版嗎？1966年5月7日，毛在看了軍委總後勤

中共九大時毛澤東和林彪在一起。

部一個關於部隊搞農、副業生產的報告後給林彪寫了一封信，在寫這封信時，顯然是記憶和思維中的某根弦被觸動了，於是一發不可收，以酣暢淋漓的筆墨把他腦子裡的烏托邦圖景勾畫了出來：他先說了軍隊，認為「只要在沒有發生世界大戰的條件下，軍隊應該是一個大學校」，軍隊應能「學政治、學軍事、學文化。又能從事農副業生產，又能辦一些中小工廠，生產自己需要的若干產品和與國家等價交換的產品。又能從事群眾工作，參加工廠農村的社教四清運動；四清完了，隨時都有群眾工作可做，使軍民永遠打成一片；又要隨時參加批判資產階級的文化革命鬥爭。」然後他這樣設想工人、農民、學生：「同樣，工人也要這樣，以工為主，也要兼學軍事、政治、文化。也要搞四清，也要參加批判資產階級。在有條件的地方，也要從事農副業生產，例如大慶油田那樣。」農民則「以農為主（包括林、牧、副、漁）也要兼學軍事、政治、文化，在有條件的時候也要由集體辦些小工廠，也要批判資產階級。」「學生也是這樣，以學為主，兼學別樣，即不但學文，也要學工、學農、學軍。學制要縮短，教育要革命，資產階級知識份子統治我們學校的現象再也不能繼續下去了。」這真是一個完美的新社會，是一個自給自足，其樂融融的社會，消滅了分工和城鄉差別的人人平等的社會，這個烏托邦裡，農林牧副漁，軍事、政治、文化、工廠，全都有了，無怪乎當時的《人民日報》社論裡，把這說成是消滅三大差別，建設新世界的藍圖。與宗白華的構想相比較，只要把前者中的浪漫理想置換為革命語彙就行了，唯一的不同就是毛給它處處強加了一項「批判資產階級」的任務，或者說把宗白華有關文化創造的部分換成了批判資產階級的政治內容。執著於自己經歷過的「思想初戀」

的毛澤東，此時用濃烈的革命色彩描繪的，是不是當年的「新村」和「少中」戀人的朦朧身影？他是否知道，用巨大的權力去實現太完美的理想，會是一種災難？（吳小龍：《毛澤東與少年中國學會》http://www.cc.org.cn/old/zhoukan/guanchayusikao/0205/0205101006.htm）

吳小龍博士所說的毛澤東「記憶和思維中的某根弦」，實際上就是毛一直縈繞於懷的「新村」夢想，這個夢想也是當初宗白華心目中的少年中國。

在《學生之工作》中，毛澤東批評學生有「多騖都市而不樂田園」的傾向，希望他們下到鄉下，和農民打成一片。中國共產黨第一次全國代表大會閉幕後，毛澤東與何叔衡回到長沙，同船山學社社長賀民範等人一起於1921年8月創辦了湖南自修大學。湖南自修大學是中國共產黨成立後，全國第一所研究馬克思主義、培養革命幹部的新型學校。毛澤東參與制定的《湖南自修大學組織大綱》明確規定：「本大學學友為破除文弱之習慣；圖腦力與體力之平均發展，並求知識與勞力兩階級之接近：應注意勞動。本大學為達勞動之目的，應有相當之設備，如藝園、印刷、鐵工等。」在藝園勞動是學農、務農，在車間裡幹印刷、煉鐵等

「文革」中，大批國家幹部被下放到各地「五七幹校」勞動。（圖片來源：百度百科）

工作是學工、做工。這段話講得很明白，湖南自修大學的學友不僅要學文，而且要學工、學農。這段話表明，毛澤東等人當時已經在著手試驗如何縮小腦力勞動與體力勞動的差別，已經在追求「知識份子勞動化」和「勞動人民知識化」這一目標了。

　　還有一點值得注意，毛澤東等人共同通過的《湖南自修大學創立宣言》在分析學校教育和書院教育各自利弊的基礎上提出了變革教育的主張。這份宣言從三個方面對學校教育進行了批評：「學校的第一壞處，是師生沒有感情。先生抱一個金錢主義，學生抱一個文憑主義」，「學校的第二壞處，是用一種劃一的機械的教授法和管理工作法去栽賊人性」，「學校第三壞處，是鐘點過多，課程過繁」。這份宣言認為書院教育的弊端在於教學和研究的內容儘是些對社會沒有價值的東西，「書院研究的內容，就是『八股』等等干祿之具，這些只是一種玩物，那能算得上正當的學問」。（張滕雷，1988:35－36）

　　基於上述觀點，這份宣言主張：「取古代書院的形式，納入現代學校的內容，而為適合人性便利研究」。不難發現，「五七」指示中「學制要縮短，教育要革命」的觀點在這裡能找到一些歷史淵源。

四、轟轟烈烈的知青上山下鄉

　　青年毛澤東在《學生之工作》中的設想跟半個世紀以後的「教育革命」，以及轟轟烈烈的知識青年上山下鄉運動有很大的關聯。

　　1939年5月，毛澤東在《五四運動》一文裡說：「知識份子如果不和工農民眾結合，則將一事無成。革命的或不革命或反革命的知識份子的最後分界，看其是否願意並且實行和工農民眾相結合。他們的最後分界僅僅在這一點，而不在乎口講什麼三民主義或馬克思主義。真正的革命者必定是願意並且實行和工農民眾相結合的。」他還同時在《青年運動的方向》中提出了一個著名的論斷：「看一個青年是不是革命的，拿什麼做標準呢？拿什麼去辨別他呢？只有一個標準，這就是看他願意不願意，並且實行不實行和廣大的工農群眾結合在一塊。願意並且實行和工農結合的，是革命的，否則就是不革命的，或者是反革命的。」

　　30年後，千百萬上山下鄉的知青將毛澤東的上述論斷奉為座右銘。他們也許並不知道，當毛自己還是一個知青的時候，就有了上山下鄉思想的萌動。

　　1955年，新中國迎來了農村合作化的浪潮。到了第二年年初，全國農業合作社發展到100萬個以上。合作化運動使得小塊土地連成一片，需要有文化的人來從事技術、管理、財務等工作，也需要大量有文化的人充當農村幹部。毛澤東在1955年寫的眾多按語時，都強調了農民文化教育對合作化運動的重要性。河南郟縣大李莊鄉合作化經驗提到，全鄉貧下中農只有7個中學生和25個高小畢業生，他們計畫把這些學生分配過去，解決會計和記工員的不足。毛澤東在按語中寫道：

這也是一篇好文章，可作各地參考。其中提到組織中學生和高小畢業生參加合作化的工作，值得特別注意。一切可以到農村中去工作的這樣的知識份子，應當高興地到那裡去。農村是一個廣闊的天地，在那裡是可以大有作為的。

最後兩句後來成了千百萬知青上山下鄉最著名的語錄。這也是我小時候見得最多的一條毛主席語錄——每天洗臉的時候，都能見到臉盆底印著的這條鮮紅的語錄隨波蕩漾。這個搪瓷臉盆用了10年，丟棄的時候到了上世紀70年代末，這時，轟轟烈烈的上山下鄉運動已接近尾聲。

對於延續25年的知青上山下鄉運動，官方迄今未有定論。中共十一屆六中全會作出的《關於建國以來黨的若干歷史問題的決議》對建國以來的重大歷史問題給予總結和評價，但對上山下鄉運動隻字未提。或許因為說不清的東西太多了。僅以這次運動的緣起而言，也是眾說紛紜，有一種觀點認為主因是政府為了緩解城市就業人口的壓力。但我認為，以上山下鄉的方式來緩解這種壓力，無疑跟五四以來深藏在老一輩無產階級革命家心中的新村夢想有著千絲萬縷的聯繫。知識青年上山下鄉，絕非毛澤東個人的創造發明。我們從李大釗1919年2月寫的《青年與農村》一文便可以找到這一思想的端倪。

25年的中國知青運動史，就像一串難以破解的謎：上山下鄉為何發展成一場聲勢浩大的運動？它對中國社會造成了怎樣的影響？它給一代青年留下的是寶貴的財富還是難以癒合的創傷？

有位當過7年知青的知名學者感歎道，在他頻繁交替的人生悲喜劇中，「最最震撼心靈的還是那七年鄉村生活」，「我被農村那種一覽無餘的貧困震驚了」；「我之所以對那段生活難以忘懷，絕不是因為那裡有春天的依依垂柳，夏天的映日荷花，夕陽下的暮歸牧童；更不是因為我在那裡曾抒發過什麼繾綣情懷，留

下過什麼青春綺夢，而僅僅只是在那片貧瘠的土地上，我瞭解中國，瞭解中國人民，也懂得了對一個中國人來說，『生活』意味著什麼……」（何清漣，1988）

　　江西作家陳世旭則借其著名長篇小說《夢洲》中一位知青主人公之口說道：「不，我不後悔有那些經歷，我覺得值得。蘇格拉底說，一種未經思考過的人生是不值得過的。我生活過，我思考過，我信仰過，我追求過，我幻滅過，我善過，我惡過，我愛過，我恨過，我苦過，我幸福過，我的情感經過大浪大瀾，大起大落，大喜大悲。這人生是值得的，不是誰都有機會經歷這一切的。」

廣州知青去海南農村落戶。1968年12月22日，《人民日報》文章引述了毛澤東指示：「知識青年到農村去，接受貧下中農的再教育，很有必要。」隨即在全國開展了知識青年「上山下鄉」運動。上山下鄉從50年代便被倡導，至60年代而展開。對當時的知青來說，他們到農村去，是為了消滅「三大差別」，帶有積極的理想主義色彩，邢燕子、侯雋、董加耕等一大批優秀青年，便是他們的典型代表。廣義的知識青年上山下鄉運動，從50年代中期到70年代末，前後經歷25年，知青總數達2000萬人左右。

五、從「勞心者治人」到「勞力者治人」

　　大約1976年春天，我正在湖南岳陽一所鄉村小學讀4年級，學校組織學生去大隊部禮堂看《決裂》。這是「文革」後期影響最大的一部電影。記得電影裡講述有位青年鐵匠想進大學讀書，教務主任孫子清說他沒有資格，校長龍國正舉起鐵匠滿是老繭的手，激動地對滿場師生大聲喊道：「誰說他沒有資格？這就是資格！」話音未落，全場沸騰了！這位思想左傾的校長提出要把學校辦在山頭上，帶領學生自己動手蓋起了校舍，讓沒有多少文化，但有實際工作經驗的工農參加考試。又請貧下中農參加評議，只要他們批准就可進入大學。開學後，龍國正號召全體師生掀起一場教育革命……

　　現在的年輕人已無法理解龍校長這一看似荒唐的舉動了。在許多人眼裡，那是人妖顛倒、荒誕不經的年代。其實，在歷史表像的背後，自有其清晰的發展邏輯，任何個人情緒化的理解都無異於盲人摸象。

　　我們先來看看下面這些似曾相識的話語吧——

電影《決裂》海報。這部「文革」電影用一句經典臺詞「馬尾巴的功能」嘲笑了脫離實踐的「資產階級辦學路線」。在校長龍國正的支持下，有位鐵匠憑一雙長滿老繭的手跨進了「共產主義勞動大學」的校門。（圖片來源：百度百科）

　　「中國古人說：『勞心者治人，勞力者治於人』。現在我們要將這句話倒轉過來說：『勞力者治人，勞心者治於人』。」

　　「念書人是什麼東西，還不是『四體不勤，五穀不分』，無用而又不安生的一種社會蠹民嗎？」

　　「號稱是受了高等教育的人了，但是請問回到家裡扛得起鋤，拿得起斧子、鑿子，擎得起算盤的可有幾人？」

　　「幾千年來教育的錯誤影響，可以用兩句話表明出來，就是：有用的分子都沒有受過教育，受過教育的都是無用的人。」

　　「平素我最欽佩的就是那頭腦簡單、人格高尚、著短衣的勞動界。」

　　「我很慚愧，我現在還不是一個工人！」

　　……

　　對於中年以上的國人而言，這些偏激的言辭耳熟能詳。它們是「文革」語言嗎？──不，這些都出自「五四」言論！其中，因為自己不是工人身份而深感羞愧的是中共一大代表施存統（施存統致軼千《通訊》，《民國日報》1920-4-16），表示最欽佩頭腦簡單、人格高尚的勞動界的是現代著名作家、當時還在河南開封念中學的曹靖華（《男子去長衫女子去裙》，《青年》第5期，1920-4-4）

　　「文革」後，許多人著文回憶自己的「牛棚」生活、「五七幹校」勞動經歷，知青回憶的文章有如恆河沙數。他們把知識份子和知識青年淪為勞動改造的對象斥為荒謬，把社會知識精英視為一場非理性群眾運動的犧牲品，很少有人用心尋找這股思潮的源頭，並冷靜地分析其中合理的內核。事實上，新中國實施的一系列教育改革和對知識份子的改造運動，與五四時期的新村和工

讀主義是一脈相承的，也是平民主義思潮的進一步延續。

五四時期的工學會負責人劉薰宇在一篇回憶文章裡說：「一年來，我不斷地學習黨和毛主席所提出的教育方針，在學習中常回憶起五四時期我所在學校的同學們組織的工學會。」（劉薰宇，1959）這段話頗耐人尋味。我想，現實與歷史驚人的相似同樣地觸動了他「記憶和思維中的某根弦」。

我們先來釐清一下對現代中國產生巨大影響的工讀思潮。

工讀思潮發軔於民國初年，勃興於五四運動前後。工讀思潮的興起反映出在中國政治變革和道德重建的過程中，主體力量發生了根本性的轉換。以往肩負改造社會責任和使命的，一般都認為是精英人士，如政府官員、士大夫和紳商階層，但此時青年知識份子則來了個180度的大拐彎，說自己最欽佩的是頭腦簡單、人格高尚的勞動人民。這種令人吃驚的觀點的提出，是基於現實中的場景：由於長期的封建教育嚴重脫離勞動、脫離勞動人民，士子平日接受的儘是「萬般皆下品，唯有讀書高」等觀念，皓首窮經般的苦讀為的就是將來能成為脫離體力勞動的「人上人」。這種教育培養出來的知識份子大多只有兩種結局：要麼成為助紂為虐的勢利政客、御用文人，從蠹朽政治中分一杯羹的既得利益者，要麼成為百無一用、無濟於世的窮酸文人。所以，五四時期

蔡元培曾於1918年的天安門集會上演講《勞工神聖》。這是1920年他為《新青年》的題詞。這一年，「勞工神聖」是最流行的辭彙。（圖片來源：資料圖片）

一批激進的青年知識份子一方面提倡「勞工神聖」、「與勞工為伍」，激發下層社會的階級意識，以形成與腐敗的上層社會相對抗的鬥爭態勢，並最終通過縮小社會中上下之間的等級差別，建立一種真正平等的社會結構。另一方面，這一認識的轉換還伴隨著他們日見偏激的自我批判乃至自我貶損。如郭沫若在《輟了課的第一鐘點裡》，將勞工稱作解放自己的「恩人」，甚至在《雷峰塔下》一詩中，面對一個鋤地的老人，不無矯情地表示「我想去跪在他的面前，／叫他一聲：我的爹，／把他腳下的黃泥舔個乾淨！」即便一向以揭露民族劣根性為己任的魯迅，也在《一件小事》這篇1千多字的記敘文裡，通過「我」與貧窮車夫的比較，榨出了知識份子「我」皮袍下的「小」來。在這裡，車夫的道德對知識份子構成了拯救，窮人在道德上優於富人。魯迅寫於1920年的這篇文章裡，講述他在大冬天搭車趕路，途中擦到一位老婦的衣服，老婦應聲倒地，魯迅勸車夫不要多事，繼續趕路。車夫卻毫不理會，攙她走向附近的巡警分駐所。魯迅頓覺這個「滿身灰塵的背影」，「剎時高大了，而且愈走愈大，須仰視才見」。

　　魯迅的《一件小事》後來收進了初中課本，很多老師都是以此為範文教導學生的。記得上世紀70年代，我在老師佈置的作文《記一次有意義的勞動》中，先寫自己到生產隊幫助農民插秧，幹了不到一個時辰，就腰酸背疼，產生了偷懶的念頭。接下來這樣寫道：「這時，我抬起頭，望見我的老師——可尊敬的貧下中農，他們在烈日下辛勤地勞作，不知道疲倦，我頓時感到羞愧萬分，又陡然增添了百倍的幹勁。」這裡實際上是套用了《一件小事》裡的結尾：「獨有這一件小事，卻總是浮在我眼前，有時反更分明，教我慚愧，催我自新，並且增長我的勇氣和希望。」當年學生的作文大抵都是這個樣式，一個小學生需要時刻想起思想的改造。那時普遍灌輸這麼一種觀念，即一個人只有通過勞動才能變得高尚起來。

　　五四時期的工讀主義者洞察到了中國社會階級間的對立所表現出來的勞心和勞力間的對立，認為這是社會腐惡之源，並主要從知識階層自身的改造出發，希望通過工讀手段打破勞心與勞力之間的界限和對立，最終實現階級間的平等。這雖然具有很大的空想性，但也揭示了社會的部分癥結所在：在這個社會上，確實有相當一部人最終通過讀書一途攫取到權力，改變了自己有可能淪為社會底層的命運，甚至因此由一個出身卑微的人成為一個壓迫者、剝削者，社會的寄生蟲。這樣的例子今天也不鮮見。正因為如此，有人便希望把這樣一個遊戲規則顛倒過來，讓某些人通過讀書一途成為人上人的夢想落空。正如陳獨秀1920年5月1日在上海工人召開的紀念五一勞動節大會上作的《勞動者的覺悟》的演講裡所說：「世界上是些什麼人最有用最貴重呢？必有一班糊塗人說皇帝最有用最貴重，或是說做官的讀書的最有用最貴重。我以為他們說錯了。我認為只有做工的人最有用最貴重。」「中國古人說：『勞心者治人，勞力者治於人』。現在我們要將這句話倒轉過來說：『勞力者治人，勞心者治於人』。」

　　北京工學會的《工學》辦刊宗旨指出：「古代『勞心者治人，勞力者治於人』的話，在現在『德謨克拉西』的社會裡，是完全不能應用的了。可是中國現在社會還不是這樣，求學還是一種尊貴的事、專利的權利，不是人人可以享受的。求學的人學成了便去作那勞心的工，尊貴的工，使用人的工。勞力的人所作的工，便是那下賤的工，被使用的工。有學問的人必不作那下賤勞力的工，勞力的人絕沒有幸福去念那尊貴的書。從道德上看去，這是最不公平、不合人道的事。」（《工學會旨趣書二》，《工學》第1卷第1號）

　　工讀思想對新中國教育思想影響尤深，我們從毛澤東、劉少奇等領導人的大量言論中可以看出。

　　毛澤東在1920年設計的新村中，就將半工半讀作為學校的主

要內容。新中國成立後，為了實施教育與生產勞動相結合，使全國成為一所大學校，實現人人勞動、人人讀書的理想，毛澤東作過多次重要指示。1958年1月，他在《工作方法（草案）》中，對各級學校組織生產勞動問題有非常明確的意見：

> 一切中等技術學校和技工學校，凡是可能的，一律試辦工廠或者農場，進行生產，做到自給或者半自給。學生實行半工半讀。在條件許可的情況下，這些學校可以多招些學生，但是不要國家增加經費。

> 一切高等工業學校可以進行生產的實驗室和附屬工廠，除了保證教學和科學研究的需要以外，都應當盡可能地進行生產。此外，還可以由學生和教師同當地的工廠訂立參加勞動的合同。

> 一切農業學校除了在自己的農場進行生產，還可以同當地的農業合作社訂立參加勞動的合同，並且派教師住到合作社去，使理論和實際結合。農業學校應當由合作社保送一部分合於條件的人入學。

> 農村裡的中、小學都要同當地的農業合作社訂立合同，參加農、副業生產勞動。農村學生還應當利用假期、假日或者課餘時間回到本村參加生產。

> 大學校和城市裡的中等學校，在可能條件下，可以由幾個學校聯合設立附屬工廠或者作坊，也可以同工廠、工地或者服務行業訂立參加勞動的合同。

> 一切有土地的大、中、小學，應當設立附屬農場；沒有土地而鄰近郊區的學校，可以到農業合作社參加勞動。

劉少奇於1956年提出的中國應有兩種教育制度、兩種勞動制度的設想，可以看作工讀思想的延伸和發展。他說：

我們國家應該有兩種主要的學校教育制度和工廠農村的勞
動制度。一種是現在的全日制的學校教育制度和現在工廠
裡面、機關裡面八小時工作的勞動制度。這是主要的。此
外，是不是可以採用一種制度，跟這種制度相並行，也成
為主要制度之一，就是半工半讀的學校教育制度和半工半
讀的勞動制度。就是說，不論在學校中、工廠中、機關
中、農村中，都比較廣泛地採用半工半讀的辦法。（劉少
奇，1981：324）

　　劉少奇認為，只要堅持兩種教育制度、兩種勞動制度，經過
50年至100年，中國的工人就能有70-80%是從半工半讀的中等技
術學校畢業出來的，農民的半數是半工半讀的中等農業技術學校
畢業出來的，工人、農民都有相當高的文化，在他們本身，腦力
勞動跟體力勞動的差別已經沒有多大了，開始消滅了，那時我們
國家的情況就會同今天大不相同，整個勞動生產率將大大提高，
消滅三大差別的阻力就小多了，就有希望進入共產主義。（王炳
照、閻國華，1994[8]：107）

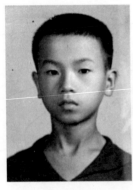

這是筆者10歲時的照片。幼時的我，曾
親眼目睹轟轟烈烈的知青上山下鄉、半
工半讀運動。在老家附近，有兩所城市
中學（岳陽市一中和二中）辦的分校，
可以經常看見學生在分校的農場裏勞
動。村裏有位被下放勞動的右派分子，
後來，這位右派平反後調進岳陽市一中
教書，擔任筆者高中文科班班主任，曾
被評為全國優秀教師。

　　五四時期，有人曾設想並廣泛提倡過半工半讀的學校，指出舊式教育脫離勞動，培養出的知識份子大多無用，而勞動人民又缺乏教育，進而提出：「我們想挽救這種弊病，也只有兩個法子，一種是使有用的人都來受教育，第二種是受過教育的人都要來學做個有用的人。第一種是『工而學』，第二種是『學而工』。然而這兩種還不是徹底的辦法，徹底的辦法，是要使教育就是學做工——學做有用的人。凡是受過教育的，都是有用的，這是工學會的辦法。Work and study 的學校是根據於這個理想組織的，我們應當著實提倡。」（惠：《教育的錯誤》，《平民教育》第9期，1919年12月）這裡所說的「Work and study 的學校」，就是半工半讀的學校。毛澤東設計的「新村」裡的學校，亦即這種性質的學校。

　　新中國成立後，為了實施教育與生產勞動相結合，使全國成為一所大學校，實現人人勞動、人人讀書的理想，毛澤東作過多次重要指示。1958年1月，他在《工作方法（草案）》中，對各級學校組織生產勞動問題有非常明確的意見，其中提到：「一切有土地的大、中、小學，應當設立附屬農場；沒有土地而鄰近郊區的學校，可以到農業合作社參加勞動。」根據這一指示，許多城裡的中學都在附近的農村辦起了半工半讀的分校，安排學生參加田間勞動。

　　1968年7月22日，《人民日報》刊載《從上海機床廠看培養工程技術人員的道路》的調查報告，報告在談到培養工程技術人員的道路時認為：實踐證明，從工人中提拔的技術人員比來源於大專院校畢業生的技術人員要強。報告強調學校教育一定要與生產勞動相結合。同時，組織現有技術隊伍參加革命大批判，批判「專家治廠」、「技術第一」、「資產階級名利思想」，並組織他們分期分批去當工人。編者按中有毛澤東親筆加的一段話：「大學還是要辦的，我這裡主要說的是理工科大學還要辦，但學

制要縮短，教育要革命，要無產階級政治掛帥，走上海機床廠從工人中培養技術人員的道路。要從有實踐經驗的工人農民中間選拔學生，到學校學幾年以後，又回到生產實踐中去。」（這段話被稱為「七・二一指示」）

半工半讀教育思想有值得肯定的一面。數千年封建教育中輕視勞動和勞動人民的思想根深蒂固，雖然五四時期流行的「勞工神聖」這一口號，以及現代一些教育家實行的教學改革和實踐對傳統讀書人的舊觀念造成了一定的衝擊，但知識份子中脫離勞動和生產實踐的傾向仍然很突出。新中國成立後儘管一再強調勞動教育，培養勞動觀念，但是，相當一部分知識份子和青年學生仍然放不下架子，輕視工農、輕視勞動的思想仍然嚴重。在這一背景下，毛澤東等人提出了「知識份子勞動化」、「勞動人民知識化」的觀點。在勤儉建國的指導方針下，實施半工半讀，學校可以通過辦工廠或農場，解決一部分經費，為國家和學生家長減輕經濟負擔，從而使更多的勞動人民的子女有條件入學。1961年，毛澤東對江西共產主義勞動大學辦學「不要國家一分錢」的做法大加讚賞。影片《決裂》即取材於此。

江西共產主義勞動大學（簡稱共大）是遵循毛澤東教育思想創辦的半工半讀的新型學校，是上世紀中國教育戰線湧現出的新生事物。它在1958年的大躍進和教育革命熱潮中創辦，實行半工半讀，勤工儉學，不要國家一分錢，小學、中學和大學都有的無產階級的新型學校。實行開門辦學，多種形式辦學，校址分散在全省各個山區，少數在平地。這樣的學校受到了毛澤東的完全贊同和支持。至1961年，共大有總校一所，分校100多所，學生有5萬人之多。1978年，共大總校被國務院列為全國重點大學。同年，參加全國高校統一招生。1980年11月20日，江西共產主義勞動大學更名為江西農業大學。自1958年創辦至1980年改制，歷時22年，為國家培養了22萬餘名相當於初技畢業至大專畢業程度不

等的建設人才，在那物資匱乏的年代，它還為社會創造了大量的物質財富，並摸索了一套教育與生產勞動相結合的經驗，成為學校貫徹黨的教育方針、實行半工半讀教育制度的典範，在中國教育史上產生了深遠的影響。

　　半工半讀思潮暴露出的缺點也是明顯的。主要表現在：過份強調「知識份子勞動化」，特別是把「勞心」與「勞力」的位置「顛倒過來」，有矯枉過正的味道，客觀上起到了貶仰知識、輕視知識份子的作用。這種思潮在後來的歷次運動中不斷得到強化，使知識份子由被啟蒙變成了被教育者。用小農狹隘的眼光看待科學知識，輕視現代生產技術基礎上的教育同生產勞動的結合，反對社會分工，把腦力勞動和體力勞動對立起來。在左傾思潮的影響下，一部分人逐漸形成這樣一種錯誤的觀念，即從事體力勞動的工人、農民才是革命的，而從事腦力勞動的知識份子則是資產階級精神貴族。事實上，體力勞動與腦力勞動的分工是文明社會的重要標誌，當今時代，「勞心者」在社會文明演進中扮演著越來越重要的角色，以致於「科學技術是第一生產力」這句名言成了人們的共識，甚至有人認為，未來社會的主宰就是「新知識階層」。

上海機床廠「七‧二一」大學學員在上課。上海機床為貫徹「七‧二一指示」，創辦了「七‧二一大學」，根據本廠需要設磨床專業、經車間推薦，廠革委會批准，招收本廠工人52人入學，學制2年。「七‧二一大學」設毛澤東思想、勞動、軍體、專業等課程。學生畢業後仍回廠工作。此後，各地相繼仿效興辦這類學校，學制有全日制、半工半讀、業餘等，統稱「七‧二一大學」。（圖片來源：遼寧省人民政府網）

六、傳統與異端

　　五四時期流行的新村和工讀思潮，以及新中國成立之後的歷次教育改造運動，並非對傳統的徹底反叛，而是通過挖掘傳統文化中一些非正統學說或異端思想，結合現實加以發揚光大。

　　毛澤東的新村思想及後來的教育革命理論，實際上基於清初顏李學派以來重實踐輕虛文的傳統。五四時期和毛澤東打過交道的王光祈曾這樣評價他：「此人頗重實踐，自稱慕顏習齋之為學主實行。」我們從顏元那裡可以順藤摸瓜地弄清毛澤東的某些想法。

　　顏元是清初進步思想家、教育家，顏李（塨）學派的創始人。後因其室名「習齋」，學者稱其習齋先生。他出身貧寒，青年時期為維持生計，曾「耕田灌園」。勞動之餘即自學。24歲開設家塾，教授生徒，且行醫治病，以養家庭。除傳受傳統的禮、樂、書、數及時文之學外，特別重視天文、地理、兵法、戰法、水、火、象數之學等，還命諸生習設禦技擊、舉石習力等，提倡「實學」，創一代「實學、實習、實用」的經世致用之學。顏元指斥腐儒們「讀書愈多，愈惑，審事愈無識，辦經濟愈無力。」（顏元，1987：107）積極倡導主動習行和實學，強調文武並重，重視培養專業人才，力矯當時懦弱不振之風。後來的毛澤東無疑對此產生了共鳴。

毛澤東最服膺的教育家是清初的顏元。顏元強調經世致用，反對靜坐死讀書的學風。認為只有習行才能取得真知識，並應用所學知識。（圖片來源：百度百科）

顏元對腐儒的批判確實有著振聾發聵的作用，即使今天聽來，亦猶如當頭棒喝。但在五四時期及後來的極左年代，「讀書愈多，愈惑」這種見解，容易被人片面引申為「讀書無用」、「書越讀越蠢」、「知識越多越反動」。

毛澤東出身貧苦，幹慣了農活，深知稼穡之艱難，而他久經薰染的湖湘文化一向輕虛文、重實幹，崇尚經世致用，有時堅韌中也表露出偏執。他在湖南一師讀書時，有次暑假為瞭解風俗民情，不惜當了回文丐，約蕭子升一起圍著八百里洞庭湖徒步考察了一圈。這是他頗為得意的一件事。我們透過這件事可以看出毛另類的性格。毛從來就不喜歡那些自命不凡、誇誇其談的知識份子。他對中國文人的通病，諸如高高在上、自私、偏狹、貪圖虛名、脫離實際等等，看得十分透徹，並且認為病根就出在「學而優則仕」、「勞心者治人，勞力者治於人」這幾千年古訓上。所以，他希望知識份子多參加社會實踐，甚至不惜用體力勞動來加以改造。另外，他看到剝削階級基本上都是不參加體力勞動的，故希望通過勞心與勞力的結合使社會階層趨於平等，最終消滅階級差別。願望是良好的，但一旦形成群眾運動，就出現了石頭壓駝背的嚴重後果。

我們發現，在對泛勞動主義的宣傳中，鼓吹最賣力的劉師培、蔡元培等人都是傳統文化根基很深的人。劉師培提出的「人類均力」方案和從西方傳入的泛勞動主義驚人地一致。這個方案的指導思想，是要在實行財產公有、人人勞動的基礎上，消滅舊時代分工以及個人才能懸殊造成的人與人之間的苦樂不均。

蔡元培則將古代農家學派的「君民並耕」思想和「泛勞動主義」等同看待。他在《新青年》第8卷第1號上發表的《社會主義史序》一文上指出：「孟子記許行說『賢者與民並耕而食，饔飧而治。』就是『泛勞動』主義。」農家是戰國諸子百家中影響力甚微的一個學派，我們僅從《孟子·滕文公上》一段話中簡略瞭

解到這個學派成員們的日常生活和社會理想。農家學派有一個顯
著特徵即不脫離農業勞動。他們「皆衣褐、捆屨織席以為食」，
生活水平極其低下。

五四工讀思潮夾雜不少貶斥知識份子的言論，其實在此之
前，有著濃厚復古傾向的章太炎等人對知識份子抨擊尤烈，章太
炎堪稱近現代中國知識份子中突出地在道德層面上尊崇平民與體
力勞動、貶抑上層人物與知識份子的第一人。他把人的道德高下
按照自己的標準分為16個等級，其中道德最高尚者是貧苦農民，
因為他們「勞身苦形，終歲勤動」，然後依次是工人、小商販、
下層知識份子，而「通人」（高級知識份子）以上多不道德。
總之，「知識愈進，權位愈伸，則離於道德也愈遠」。（章太
炎，1985：183）這種思想有一定的合理性，它揭示了知識份子
脫離實際的一面，但若任其發展乃至氾濫，就會形成反智主義
的浪潮。

以上可以看出，五四時期的新村和工讀思潮並非由於傳統
的斷裂而得以勃興，後來的歷次知識份子改造運動，包括半工半
讀、知識青年上山下鄉，以及轟轟烈烈的文化大革命，並非學者
林毓生的「激烈的反傳統」這一觀點解釋得清，而是傳統中的異
端思想與五四時期各種空想社會主義思想相結合，以及跟後來的
左傾思潮相互作用的結果。

五四並非僅「民主」和「科學」這兩個主題，特別是在五四
後期，「勞工神聖」這一口號成了五四思潮轉換的標誌。1918年
11月，北京大學校長蔡元培在北京慶祝協約國勝利大會上發表演
說，喊出了「勞工神聖」這一震古爍今的口號。隨後，在社會知
識界中興起了一股以喊「勞工神聖」為時髦的風氣。此前，《新
青年》等進步報刊中提得最多的是「德先生」和「賽先生」。但
到了1919年，「勞工神聖」開始取代「民主」和「科學」，成為
最為流行的一句口號。翻閱1919-1920年的報刊，經常可以觸及

「勞工神聖」這四個字眼。毫無疑問,「勞工神聖」已經成為了五四新文化運動新的啟蒙口號。

七、反動與顛覆：我們怎樣才能避免悲劇？

在思想道德及文化領域，「反動」這個力學名詞經常被用來指一種相反的作用。如蔣伯潛《十三經概論・經學歷史・清代經學復興》：「經學至清代而復興。經學之所以復興於清初，其因為明末王學之反動。」

每一次思想解放運動都需要這種反動。從歐洲的文藝復興，到中國的五四新文化運動，莫不是這種反動的結果。新的思潮湧起往往伴隨著劇烈的反動，甚至不惜矯枉過正。反動達到極致就形成了顛覆，這種顛覆常表現為從一個極端走向另一個極端。

在五四這一思想文化空前活躍時期，反動與顛覆相互交織，最後形成了各種力量的角力。「勞工神聖」就是對過去幾千年來「學而優則仕」、「勞心者治人，勞力者治於人」這種舊觀念的反動，這種反動對打破中國傳統的精神文化的束縛，尤其是促進知識份子的自省有著進步的意義。但是，主張「勞力者治人，勞心者治於人」就是一種帶有破壞性的顛覆，這種顛覆造成了知識份子的自輕自賤，使知識份子扮演的啟蒙角色發生了逆轉。這種顛覆的力量改變了現代中國的命運。

我們仍能感受到這種可怕的顛覆的力量。

僅僅20多年前，中國人基本上都是吃大鍋飯，平均主義一方面帶來了貧窮，另一方面也使得貧富懸殊盡可能地縮小，甚至連衣服都儘量保持一致。那個年代的中國無疑是全世界貧富差距最小的國家之一。要大力發展生產力，改變落後的局面，必須對過去的大鍋飯來一次劇烈的反動。我們有幸親眼目睹了這個反動歷程。經過30年的改革，中國的GDP翻了好多番，國力大大增強，人們的生活水平有了很大的提高。但是，中國也因此成為貧富最懸殊的國家之一。

　　關於中國貧富差距，可以用國際通用的基尼係數體現出來。義大利經濟學家基尼告訴我們，基尼係數為零，表示收入分配完全平等，基尼係數為1，表示收入分配絕對不平等。國際公認的標準，基尼係數若低於0.2表示收入絕對平均；0.2-0.3表示比較平均；0.3-0.4表示相對合理；0.4-0.5表示收入差距較大；0.6以上表示收入差距懸殊。據世界銀行的統計資料顯示，中國的基尼係數在改革開放前為0.16，2003年已經為0.458，超過了國際公認的貧富差距警戒線0.4；到了2010年，中國的基尼係數突破0.52；2011年中國的基尼係數突破0.55，成為世界上貧富差距最大的國家之一。中國百萬美元富翁家庭達111萬戶，世界第三；超過1億美元的家庭達393戶，世界第八。但按世界銀行每天2美元的標準，中國貧困人口依然有1億多。而且，通脹越嚴重、房價越高，基尼係數就越高。

　　短短30多年，天翻地覆，讓人感到這個世界變化得太快。在這個星球上，有幾個國家能在這麼短的時間裡將貧富懸殊拉得如此之大呢？

　　1920年，為了打破中國幾千年來「勞心者治人，勞力者治於人」的傳統，陳獨秀提出要「勞力者治人，勞心者治於人」。這般妄語在毛澤東領導下的新中國居然變成了現實，無數幹部、知識份子和青年學生被迫或者自告奮勇地從事體力勞動，接受貧下中農的再教育。當這些人終日與鐵鋤和耕牛為伍時，西方國家以電子電腦的發展，核能技術、空間技術，以及鐳射、光導纖維、海洋工程、生物工程、自然能源等多種新技術的開發和利用為主要內容的新技術革命正如火如荼，持續至今，日本等國家抓住機遇迅速崛起，韓國、新加坡等國家也不甘落後，經濟走向騰飛。被遠遠拋在後面的中國，終於在結束「文革」後發出了「向科學進軍」的號令，知識份子又開始揚眉吐氣了。

　　從「臭老九」到社會精英，彷彿只在一夜之間。過去被視

為改造物件的「勞心者」，如今已經處在社會的上層，掌控著社會話語權。而他們曾經頂禮膜拜的老師──「可尊敬的貧下中農」，卻淪落到了社會的最底層。一位鄉黨委書記在給總理上書時疾呼：「農民真苦，農村真窮，農業真危險！」進城的農民工，基本上從事城裡人不願幹的活。除少數發家致富外，絕大部分都活在城市的邊緣。

20多年前，中國的大學生還很稀罕（1970年招進大學校門的新生一度劇減至4.8萬人），但如今文憑氾濫，大學擴招成風，2005年在校大學生人數突破了2000萬人。博士生人數也連年暴增，到2008年超過美國成為世界最大的博士工廠。現在進大學不再看你手上有沒有老繭了，而是完全憑高考分數。高考成了千軍萬馬必須過的獨木橋。「學而優則仕」的論調再次復活，讀書人又能重溫「書中自有黃金屋」的夢想。河南鄭州市曾在2002年實施「引博工程」，計畫引進100至150名博士，使全市所有市直委（局）、正縣級事業單位以及縣（市）區的領導都由博士出任。（《南方週末》2004-9-23）

用人單位對文憑的要求也達到了極致。如今高校招聘教師普遍要求應聘者擁有博士學位。許多高校規定沒有博士學位的教師不許申報正高甚至副高職稱。廣州有一所高校甚至規定，40歲以下的教師必須具備博士學位，沒有博士學位的在職教師必須在規定年限內攻博，否則面臨下崗。

從「五七指示」大放光芒、反「白專」路線，到文憑至上、學而優則仕再次大行其道，間隔不過二三十年。從一個極端走向另一個極端，讓人匪夷所思、恍若隔世。

為什麼中國人喜走極端？原因很多，一個重要因素是粗暴簡單地否定歷史。比如新村確實是一個萬難實現的烏托邦，但它也是毛時代留給後人的一筆巨大的精神財富，不能一筆抹殺，否則會遭到報應。另一個重要因素是中國傳統文化主要依憑生活智

慧，缺乏嚴密的內在邏輯。在實用理性作用下，人們會根據環境
的變化吸納並認同與之前大相徑庭的觀點。如在對待讀書人的
態度上，既有「萬般皆下品，唯有讀書高」的盲目崇拜，也有
「百無一用是書生」的極端貶斥。在勞動觀、金錢觀等方面，
莫不如此。

八、新村運動的啓示

　　五四時期流行的新村主義雖然具有很大的空想性，新村和工讀互助團的實踐也不可避免地走向了失敗，但過去論者很少批判地吸收其積極主張。正如空想社會主義曾經為科學社會主義提供過思想養分，新村主義所蘊含的某些精神對當下社會主義的探索和新農村建設具有亦同樣具有借鑒的意義。

　　第一，新村主義吸納了中國傳統文化中有益的成分。新村和工讀思潮並非由於傳統的斷裂得以勃興，而是古代大同思想、清初以來的實學思潮與傳入中國的各種空想社會主義相互激盪的結果。

　　新村主義的理論基石是泛勞動主義。泛勞動主義旨在通過人人勞動實現社會的平等。在對它的宣傳中，鼓吹最力的恰恰是傳統文化根基很深的章太炎、劉師培、蔡元培等人。劉師培提出的「人類均力」方案和從西方傳入的泛勞動主義有著驚人的一致。這個方案的指導思想，是要在實行財產公有、人人勞動的基礎上，消滅舊時代分工以及個人才能懸殊造成的人與人之間的苦樂不均。知識份子勞動化的思想有一定的合理性，但若過於貶抑知識份子，又會形成反智主義的傾向。因此，在知識與實踐、勞心與勞力之間掌握合理的平衡，才不至於失之偏頗。

　　第二，新村是構建農村和諧社會值得借鑒的一種模式。新村主義者崇尚和平，排斥暴力，提倡平等和互助協作精神，希望通過腦力勞動與體力勞動的結合達到改造社會的目的。雖然它具有很大的空想性，但有些做法仍然具有改良示範的作用。如果說周作人宣傳的新村主義充斥太多的虛幻成分，那麼毛澤東在《學生之工作》中表達對「新村」這種全新和諧社會的大膽構想，已初具新社會雛形，有一定的實踐意義。在這裡，新教育、新家庭、新社會、新生活、新個人是互為一體的。雖然它同樣只是一個烏

托邦，但提出的如何將學校、個人和社會連在一起共同改造的大膽設想，有不少可取之處。基於改良主義的鄉村建設派對於新村運動的努力，則為新農村建設提供了更大的現實可能性。王拱璧的「青年村」雖已成為歷史陳跡，但他實施的「農教合一」的教育制度仍然具有推廣價值。類似的新村組織，如1925年3月匡互生與朱光潛、豐子愷、劉薰宇等人在上海江灣鎮附近辦的「立達學園」，也曾爭睹一時。匡互生認為，實行生產教育可以使學生把書本知識與社會實際緊密相連，通過生產實踐可鍛煉學生刻苦耐勞的性格，進而領會人類生活的意義；可使學生接近廣大勞動人民，理解當時中國農村現實，使之為投身改造社會特別是農村作準備。

另外，新村主義者崇尚人的全面發展和個性自由，倡導人與自然以及社會之間的和諧，推崇自食其力的田園生活，等等，這些都具有積極的意義。

在新的歷史條件下，我們應當借鑒五四時期倡導的新村運動積極的一面，結合當下中國農村的實際，加大政府的投入，以改善農村的辦學條件和生活環境為切入口，發起一場以建設社會主義和諧農村為目標的新新村運動。

主要參考文獻

1.《五四時期期刊介紹》（1-6），三聯書店1979年版

2.張允侯等：《五四時期的社團》（1-5），三聯書店1979年版

3.五四時期報刊：《新青年》、《少年中國》、《星期評論》、《每週評論》、《覺悟》、《新潮》、《曙光》、《批評》、《北京大學日刊》、《工學》、《平民教育》、《婦女評論》、《民國日報》、《晨報》、《時事新報》等

4.中國社會科學院近代史研究所編：《五四運動回憶錄》（上、下），中國社會科學出版社1979年版

5.《李大釗文集》（上、下），人民出版社1984年版

6.《毛澤東早期文稿》，湖南出版社1990年版

7.《毛澤東自述》，人民出版社1993年版

8.《劉少奇選集》（上、下），人民出版社1981年版

9.《惲代英日記》，中共中央黨校出版社1981年版

10.《惲代英文集》（上、下），人民出版社1984年版

11.《鄭振鐸文集》，線裝書局2009年版

12.《蔡子民自述》，江蘇人民出版社1999年版

13.高平叔：《蔡元培年譜長編》，人民教育出版社1996年版

14.《陶行知全集》，湖南人民出版社1985年版

15.《朱執信集》（上、下），中華書局1979年版

16.《章太炎全集》，上海人民出版社1985年版

17.《我的回憶》，張國燾著，現代史料編刊社1980年版

18.周作人：《知堂回想錄》，安徽教育出版社2008年版

19.近代中國史料叢刊續編，《王光祈先生紀念冊》，臺灣文海出版社1971年版

20.近代中國史料叢刊續編，《左舜生先生紀念冊》，臺灣文海出版社1981年版

21.愛德格‧斯諾著、董樂山譯：《西行漫記》，北京三聯書店1979年版

22.左舜生：《近三十年見聞雜記》，中華藝林文物出版公司1976年版

23.陳明遠：《忘年交——我與郭沫若、田漢的交往》，學林出版社1999年版

24.《顏元集》，中華書局，1987年版

25.高軍等選編：《「一大」前後》（二），人民出版社1985年版

26.《無政府主義思想資料選》，葛懋春等編，北京大學出版社1984年版

27.《無政府主義在中國》，高軍等編，湖南人民出版社1982年版

28.《王拱璧先生誕辰一百周年紀念冊》，未刊本，河南省圖書館藏

29.蕭邦奇著，周武彪譯，《血路——革命中國中的沈定一（玄廬）傳奇》，江蘇人民出版社1999年版

30.張滕雷主編，《中國共產黨幹部教育研究資料叢書》第一輯，中國人民大學出版社1988年版

31.王炳照、閻國華主編，《中國教育思想通史》，湖南教育出版社1994年版

32.陳明遠著，《忘年交——我與郭沫若、田漢的交往》，學林出版社1999年版

33.謝春濤著，《大躍進狂瀾》，河南人民出版社1990年版

34.王來棣：《中共創始人訪談錄》，明鏡出版社2008年版

35.李真：《訪晏陽初先生》，《重慶文史資料》第33輯，西南師範大學出版社1990年

36.林恆青：《武者小路實篤的"新村"運動及其對周作人的影響》，福建師範大學碩士學位論文，2001。

37.劉薰宇：《憶工學會》，《語文學習》1959年第5期

38.董炳月：《周作人與〈新村〉雜誌》，《中國現代文學研究叢刊》1998年第2期

39.苗春德、申磊：《中國「鄉村教育」的最早探索者——王拱璧》，《河南職技師院學報》2001年第6期

40.唐寶林：《中國社會主義青年團創建史實》，《青運史研究資料》1980年第3期

41.何清漣：《我為什麼寫〈人口，中國的懸劍〉》，《書林》1988年第7期

42.蘇振蘭、趙建軍：《「社會主義研究」第一人的詭譎一生》，《黨史縱橫》2006年第6期

43.全國政協文史資料研究委員會編，《文史資料》第1輯，1980年版

44.唐寶林：《中國社會主義青年團創建史實》，《青運史研究資料》1980年第3期

45.賈凱力：《白樺派和武者小路實篤》，《博覽群書》，1991年第6期。

46.倪墨炎：《關於周恩來邀請周作人演講》，《中華讀書報》1998年4月1日

47.姚偉：《風雨中原之寧靜田園》，《大河報》2011年10月26日

48.沈紅娣：《李根源整整把蘇州「新農村」試驗推前80年》，《姑蘇晚報》2011月4月25日

49.韓三洲：《地主沈定一：被歷史刻意遺忘的中共早期黨員》，《南方都市報》2011年1月31日

50.孔璞：《沈玄廬：「好出頭」地主成農運領袖》，2011年5月
　　19日《新京報》

後　記

　　本書脫胎於是22年前的碩士論文，經過不斷改寫，已經面目全非，不啻篇幅增加了一倍多，結構和文字也有很大區別，視為新作並不為過。雖然時光過去多年，但自覺內容並未過時，在理想主義稀缺的當下，反倒映襯出它的價值。

　　我的碩士論文題目是《論五四時期的新村主義思潮》，導師是著名歷史學家、原貴州師範大學校長吳雁南先生。論文的部分章節後來在《貴州文史叢刊》、《粵海風》等雜誌上發表，《新華文摘》、《人大複印資料》曾經予以轉載。

　　畢業後我到貴州人民出版社文史編輯室擔任編輯，其間參與了吳雁南先生主持的國家「八五」重點社科項目「中國近代社會思潮」的研究，承擔了其中新村主義、工讀主義和民主主義等思潮的撰寫任務。該項目結題成果彙集成煌煌4大卷《中國近代社會思潮》，1998年由湖南教育出版社出版。我則忝列第二卷副主編。在課題研究過程中，我又接觸到了一些新資料，對碩士論文進行了修改補充。後來因為工作變動等緣故，一擱便是6年。

　　2005年秋，我從南方日報出版社調華南理工大學任教。閒來無事，找出已經泛黃的舊稿，邊修改邊錄入電腦，次年元旦完稿。當時感覺內容有些單薄，聯繫出版又遇到了一點麻煩，便僅將其中的《少年中國之夢》交香港《二十一世紀》雜誌發表。書稿一擱又是6年。

　　去年底，我對書稿進行了最後一次修改。

　　這部書稿伴隨我從貴州來到廣州，我也不知不覺間從青年步入中年。可謂日久生情，敝帚自珍。這部小冊子在紀錄了歷史的吉光片羽的同時，也紀錄了成長的自己。雖然內容仍不失譾陋，但它畢竟是一名六〇後經歷了「文革」和改革開放歲月之後思考的結晶希望本書對解讀現代中國歷史發展的軌跡有所幫助。

　　本書付梓之際，感謝我的父母，生我劬勞，還給了我很好的啟蒙教育。

　　感謝我的妻子董沁雲女士，是她督促我修改本已束之高閣的書稿，且充當我的第一個忠實讀者。

　　感謝暨南大學吳非教授，是他熱心推薦到臺灣秀威出版社，使拙稿得以順利出版。

趙泓

2013年2月於黃埔花園

Do歷史07　PC0393

中國人的烏托邦之夢
──新村主義在中國的傳播及發展

作　　者／趙　泓
責任編輯／劉　璞
圖文排版／詹凱倫
封面設計／秦禎翊

出版策劃／獨立作家
發 行 人／宋政坤
法律顧問／毛國樑　律師
製作發行／秀威資訊科技股份有限公司
　　　　　地址：114 台北市內湖區瑞光路76巷65號1樓
　　　　　電話：+886-2-2796-3638　傳真：+886-2-2796-1377
　　　　　服務信箱：service@showwe.com.tw
展售門市／國家書店【松江門市】
　　　　　地址：104 台北市中山區松江路209號1樓
　　　　　電話：+886-2-2518-0207　傳真：+886-2-2518-0778
網路訂購／秀威網路書店：https://store.showwe.tw
　　　　　國家網路書店：https://www.govbooks.com.tw

出版日期／2014年5月　BOD一版　定價／280元

|獨立|作家|
Independent Author

寫自己的故事，唱自己的歌

中國人的烏托邦之夢：新村主義在中國的傳播及發展 / 趙泓
著. -- 一版. -- 臺北市：獨立作家, 2014.05
　　面；　　公分. -- (Do歷史；PC0393)
BOD版
ISBN 978-986-5729-13-4 (平裝)

1. 鄉村建設　2. 中國史

545.5　　　　　　　　　　　　　　　　　　103006385

國家圖書館出版品預行編目

讀者回函卡

感謝您購買本書，為提升服務品質，請填妥以下資料，將讀者回函卡直接寄回或傳真本公司，收到您的寶貴意見後，我們會收藏記錄及檢討，謝謝！
如您需要了解本公司最新出版書目、購書優惠或企劃活動，歡迎您上網查詢或下載相關資料：http:// www.showwe.com.tw

您購買的書名：_____

出生日期：_____年_____月_____日

學歷：□高中 (含) 以下　　□大專　　□研究所 (含) 以上

職業：□製造業　□金融業　□資訊業　□軍警　□傳播業　□自由業
　　　□服務業　□公務員　□教職　　□學生　□家管　　□其它_____

購書地點：□網路書店　□實體書店　□書展　□郵購　□贈閱　□其他

您從何得知本書的消息？

　　□網路書店　□實體書店　□網路搜尋　□電子報　□書訊　□雜誌
　　□傳播媒體　□親友推薦　□網站推薦　□部落格　□其他_____

您對本書的評價：(請填代號　1.非常滿意　2.滿意　3.尚可　4.再改進)

　　封面設計____　版面編排____　內容____　文／譯筆____　價格____

讀完書後您覺得：

　　□很有收穫　□有收穫　□收穫不多　□沒收穫

對我們的建議：_____

_____

_____

_____

11466
台北市內湖區瑞光路 76 巷 65 號 1 樓
獨立作家讀者服務部　　　　收

··

（請沿線對折寄回，謝謝！）

姓　　名：＿＿＿＿＿＿＿＿　年齡：＿＿＿＿　性別：□女　□男

郵遞區號：□□□□□

地　　址：＿＿＿＿＿＿＿＿＿＿＿＿＿＿＿＿＿＿＿＿＿＿＿

聯絡電話：(日)＿＿＿＿＿＿＿＿ (夜)＿＿＿＿＿＿＿＿＿

E-mail：＿＿＿＿＿＿＿＿＿＿＿＿＿＿＿＿＿＿＿＿＿